LUCA S. CRISTINI - GUGLIELMO AIMARETTI

L'ESERCITO DEL REGNO ITALICO 1805-14 Vol. 2 LA CAVALLERIA

THE ITALIAN KINGDOMS' ARMY 1805-1814 . VOL. 2 THE CAVALRY

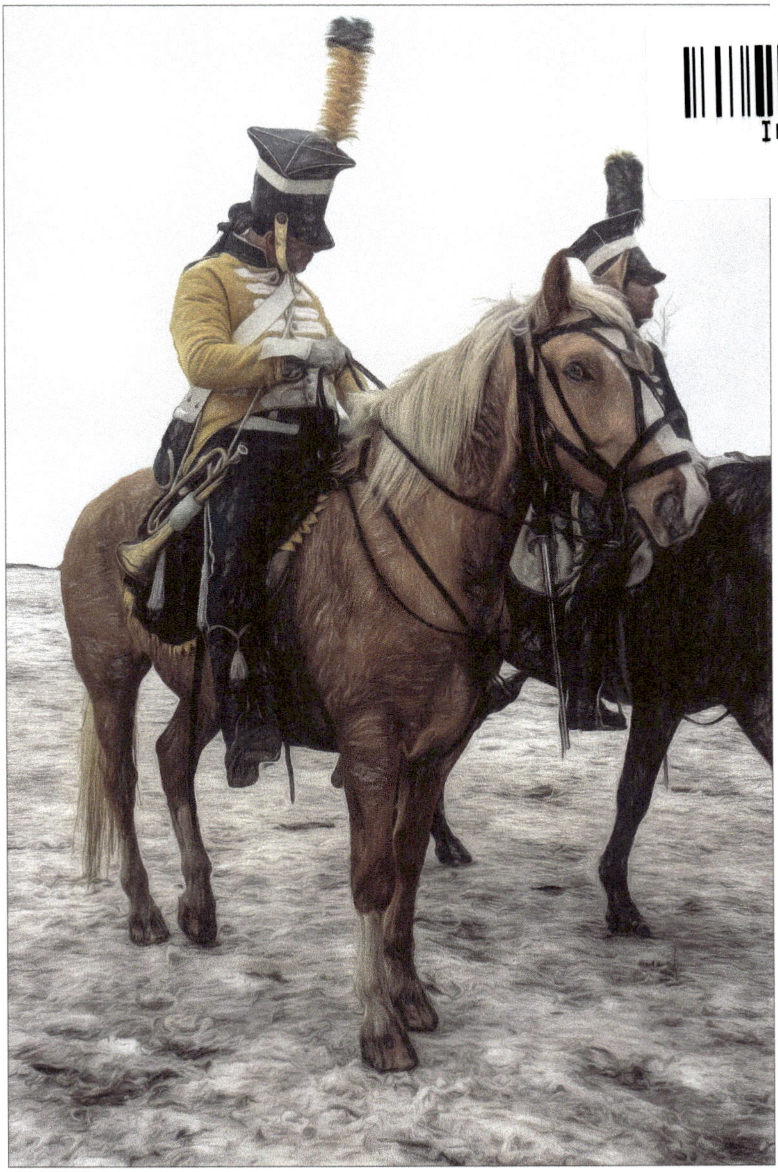

SOLDIERS&WEAPONS 008

SOLDIERSHOP PUBLISHING

THE AUTHOR

Luca Stefano Cristini, bergamasco, appassionato da sempre di storia militare. Dirige da diversi anni riviste nazionali specializzate di carattere storico uniformologico. Ha collaborato con l'editore Albertelli e De Agostini. Ha pubblicato un importante lavoro, su due tomi, dedicato alla guerra dei 30 anni (1618-1648) e uno studio in tre volumi sull'esercito imperiale nell'età di Eugenio di Savoia, scritto con B.Mugnai. Ha firmato molto titoli delle collane Soldiershop. Questo è il suo terzo libro relativo alle uniformi Napoleoniche.

Guglielmo Aimaretti, Nato a Villafranca Piemonte, in provincia di Torino, vissuto a Torino fino al 1971 è stato docente di Discipline Artistiche ad Alba. Fin dalla giovinezza collezionista e cultore di documentazione storico-militare ha affiancato all'attività docente quella di illustratore nell'ambito uniformologico collaborando con l'editoria specializzata. Per gli editori EMI, Brotto oltre ad aver collaborato con numerose riviste specializzate. Molti suoi lavori sono in collezioni private in Italia e all'estero . E' membro fondatore dell'Associazione di Uniformologia e Figurinistica Militare "Cuneo 1744", membro de "La Sabretache" di Parigi e de "Le Bivouac" di Tolone.

NOTE EDITORIALI

PUBLISHING'S NOTES

LICENSES COMMONS

CREDITI FOTOGRAFICI

Alcune tavole a colori sono ispirate a figurini elaborati e dipinti dall'autore o da amici soldatinai che pubblicamente ringraziamo. I cacciatori a cavallo della tavola I sono ricavati dalle immagini gentilmente fornoteci dal gruppo di Ricostruzione Storica Real Italiano di Novara. Le figure della tavola O sono invece derivate da un modello di Valter Rocco (il modello a sinistra a piedi) e da M.Lucchetti il modello a cavallo, elaborazione di un pezzo edito dall'AMIS di Milano.

ISBN: 978-88-93274043   2a edizione Dicembre 2018
Title: Soldiers&Weapons 008 - **L'esercito del Regno Italico 1805-1814. Vol. 2 la Cavalleria** Di Luca Stefano Cristini. Tavole a colori di Guglielmo Aimaretti Editor: Luca Cristini Editore, for the brand: Soldiershop.

▶ Cavalleria della Grande Armée, campagna di Russia incisione dell'Adam.
The cavalry of the Grand Armée, Russian campaign from an Adam's engraving.

In copertina : Ufficiale dei Cacciatori a cavallo e trombettiere nel 1813. Cover: Chasseurs at horse, officer and trumpet in 1813.

PREFAZIONE

Il secondo volume sull'esercito del Regno Italico è dedicato alla cavalleria di linea e ai corpi a cavallo della Guardia reale, come i Dragoni della Guardia, le Guardie d'Onore e la Gendarmeria Reale. Come al solito vengono passate in rassegna regolamenti ed uniformi dei vari corpi. La seconda parte del libro è invece dedicata alle vicende militari compiute dall'Esercito Italico negli anni dal 1805-1814. Dopo esserci occupati delle varie campagne d'Italia nel primo volume, procediamo in questo studio con la narrazione della famosa campagna militare di Russia del 1812. La guerra di Spagna, infine, sarà argomento trattato nel terzo e ultimo volume della serie dedicata all'esercito del Regno Italico. Quella in terra russa fu un'avventura militare avviata con le trombe squillanti, con gli squadroni baldanzosi che calpestavano il sacro suolo russo, certi di andare a cogliere facili successi, ma che invece terminò in un completo disastro che riportò a casa meno di un decimo dei soldati che erano partiti. Nella campagna di Russia parteciparono numerosi Italiani: parecchie migliaia (piemontesi e liguri) sotto bandiera francese perché appartenenti a paesi annessi all'Impero, dodicimila napoletani agli ordini di Re Gioacchino Murat, ed infine ben ventisettemila sotto le insegne del Regno Italico. I Napoletani formarono due brigate al diretto comando di generali italiani, poiché il loro Re Gioacchino era stato posto alla testa di tutta la cavalleria della Grande Armée da Napoleone Bonaparte in persona, il quale aveva grande fiducia nel suo cavaliere per antonomasia.

I ventisettemila Italiani del Regno Italico, materia del nostro studio, erano suddivisi fra la Guardia Reale guidata da Teodoro Lechi, e nella 15a divisione del IV Corpo d'armata imperiale, il quale era a sua volta posta sotto il supremo comando del Vicerè d'Italia Eugenio de Beauharnais. Infine altre due divisioni del medesimo corpo, la 13a e la 14a, avevano bandiera francese, ma erano in gran parte formate da italiani dei paesi annessi all'Impero.

Di tutte le armi italiane presenti in Russia (ma anche in Spagna) quella di cavalleria fu quella che maggiormente si distinse e si coprì di gloria!

Segnaliamo, infine, che in questo secondo volume i due autori si sono, in qualche caso, scambiati i ruoli. Sono di Cristini due delle 16 tavole a colori, mentre il capitolo sulla campagna di Russia è stato scritto da Aimaretti.

"Siate quel che volete ma non più dell'Austria; ciò basta alla Francia ... Se non sapete, se non volete cogliere il momento d'essere liberi; allora si disporrà di voi dalla diplomazia e sarete quello che converrà agli interessi politici."
(Napoleone a Francesco Melzi d'Eril, maggio 1796)

INDICE:

▲ **Festa napoleonica** al campo di Marte al castello di Milano. Stampa ottocentesca.
Napoleonic festival at field of Mars in front of the castle of Milan. Print of the nineteenth century.

► **Cacciatori della Legione Lombarda 1797.** La prima cavalleria italiana nacque da piccoli reparti delle prime repubbliche nate a seguito della Rivoluzione francese.
Chasseurs of the Lombard Legion 1797. The first Italian cavalry of the early days of the republic had its origins with these small units which emerged as a result of the French Revolution.

LA CAVALLERIA DEL REGNO

A seguito della prima invasione francese del Nord Italia, i neo costituiti governi repubblicani locali crearono il primo nucleo di forze armate che poi, attraverso vari passaggi confluirà nel Regno Italico. Nell'ambito delle forze a cavallo, le Legioni Lombarda e Cispadana approntarono due piccoli corpi di cacciatori a cavallo.

Dopo il trattato di Campoformio stipulato da Napoleone con l'Austria, la Repubblica Cisalpina creò a sua volta tre nuovi reggimenti di cavalleria. Il primo era costituito da cacciatori a cavallo, e fu ottenuto dalla fusione dei piccoli corpi delle legioni Lombarda e Cispadana. Il secondo era, invece, costituito da ussari ed infine un terzo da dragoni.

Per la verità fu ideato anche un quarto corpo, il Reggimento di Ussari Volontari detto "di Requisizione" che però ebbe vita breve. Dopo la riuscita controffensiva austro-russa che, restaurando i vecchi governi, provocò lo sbandamento delle truppe cisalpine, queste ultime ripararono in massima parte oltre le Alpi con l'esercito francese.

All'inizio del 1800 furono quindi ricostituite in Francia le prime due unità della cavalleria italica, un reggimento di ussari e uno di cacciatori a cavallo. Essi presero immediatamente parte alla successiva campagna d'Italia, sempre nello stesso anno, pur impegnandosi con soli pochi squadroni.

Più tardi si aggiunse un secondo reggimento di ussari. Questo nuovo reggimento fu successivamente inviato nel 1803, insieme alla Divisione Italica al campo di Boulogne, per la progettata invasione della Gran Bretagna. Due anni più tardi esso fece ritorno in Italia e subì la trasformazione in reggimento Dragoni come già era successo anche al reggimento ussari rimasto in Italia.

Questi due nuovi reggimenti, voluti da Napoleone Imperatore dei Francesi e Re d'Italia nel 1805, vennero denominati rispettivamente Dragoni Regina (il 1° ussari), e Dragoni Napoleone (il 2° ussari). Non ebbero quindi una regolare numerazione, come invece accadde ai quattro reggimenti dei Cacciatori a cavallo del medesimo periodo regio.

Tornando ai reggimenti dei dragoni, fu Napoleone stesso che in una lettera scritta di suo pugno al Viceré, indica il nome Regina, anziché Giuseppina, pensando che sarebbe parso ridicolo, per dei soldati far parte di un reggimento che avesse il nome di una donna.

Nel corso della decennale vita del regno Italico si assistette a una progressiva crescita dei corpi di cavalleria fino a giungere al numero definitivo di sei reggimenti di cavalleria di linea: due di dragoni, quattro di cacciatori a cavallo e tre di cavalleria della Guardia: dragoni,

Regno d'Italia 1805-ip. 1814

2° Regg.° Cacciatori a cavallo
Questo Regg.° nel 1812 ebbe, al pari
de' suoi compagni 1°. 3° e 4°, il
sakò rotondo

A. Cenni
1906

1°. ……
3°. ……
4°. ……

▲ 2° reggimento cacciatori a cavallo del regno Italico 1805-1812. Raccolta Cenni Della collezione Viskuezzen

guardie d'onore e gendarmeria. Tutti questi reparti diedero buona prova di sé su tutti i teatri di guerra del periodo napoleonico, ossia in Italia, Spagna, Germania, Austria e Russia. Tuttavia il frazionamento dei reparti e la loro usura in campagna, spesso difficilmente rimpiazzabili, non consentirono una crescita professionale qualificata di quest'arma, che potesse divenire una propria forte tradizione nazionale. Per ovviare a tutto ciò, fu costituita, a Lodi, una specifica scuola di equitazione che in qualche modo voleva essere una risposta alle lacune indicate. Nel 1811 la scuola vantava un valido apparato di istruttori di livello, dotati fra l'altro di una particolare divisa verde ad un petto con colletto rosso, pantaloni bianchi e stivali alti alla scudiera.

LA VITA DEL SOLDATO ITALIANO

La vita dei soldati italici e dei membri della cavalleria in questi anni presentava durezze e problematiche quanto mai varie. Dopo i primi, confusi periodi rivoluzionari tuttavia si cercò di organizzare al meglio vitto, alloggio e stipendio dei militari. Lo stipendio era all'inizio la classica diaria, e successivamente venne stabilito mensile per gli ufficiali, quindicinale per i sottufficiali, e ogni cinque giorni per la truppa. I soldati erano ovviamente ospitati nelle caserme.

Gli ufficiali, invece, potevano alternativamente alloggiare fuori. Essi potevano scegliere fra il farsi ospitare senza spese dalle autorità cittadine presso cui risiedevano, oppure utilizzare un'indennità di alloggio coperta dal ministero della guerra. Questa era in relazione al grado riportato, e in ogni caso la cifra veniva fornita direttamente agli affittuari, proprietari della casa.

Al tempo gli ufficiali non disponevano di attendenti, e per arrangiarsi "utilizzavano" soldati di truppa per i lavoro più disparati. Il Ministero, all'inizio contrario a tale pratica, finì col chiudere più di un occhio a riguardo, concedendo almeno che questi soldati accudissero l'animale dell'ufficiale e non l'ufficiale stesso. Gli ufficiali dovevano inoltre farsi carico in toto del loro cavallo, del suo acquisto, mantenimento ed equipaggiamento. Altra norma disattesa nelle caserme del tempo riguardava la presenza femminile all'interno dei reggimenti. Essa per decreto doveva essere limitata a solo due donne per squadrone con compiti di pulizia, nella realtà esse erano tante quasi quanti i soldati...quindi per ogni squadrone di cavalieri si contava anche uno di lavandaie! Altra piaga, di cui abbiamo già parlato nel primo volume, erano le diserzioni, per bloccare le quali si dovette ricorrere a misure drastiche.

Per la voce reclutamento va detto che fino al 1802 si entrava in un reggimento di cavalleria su base volontaria. Ogni 100 nuove reclute, gli ufficiali di cavalleria

▲ **Guardia Reale Italica nel 1810** da Costumes militaires francais depuis 1789 jusqu'en 1814 di A. de Marbot.
Italian Royal Guard in 1810 , from Costumes militaires francais depuis 1789 jusqu'en 1814 by A. de Marbot.

presenti alla selezione ne sceglievano 10 per il loro reggimento. Il servizio militare durava 4 anni in pace, illimitato in guerra. Dopo il 1802 iniziò invece la coscrizione obbligatoria, ed allora cominciarono anche i guai per le diserzioni più o meno massicce. Le reclute raggiungevano il luogo di ammassamento e poi venivano indirizzate in appositi depositi stabiliti dal ministero. Nel 1812 i depositi di cavalleria furono riuniti Lodi, dove era operativa anche la citata scuola di equitazione. Sottufficiali e graduati erano promossi col curioso metodo della scelta fra commilitoni. Essi ne segnalavano una rosa, gli ufficiali poi decidevano chi promuovere.

In merito alle condizioni igieniche è illuminante quanto testimoniato da un soldato bergamasco in una caserma del suo distretto. Egli narra che il colonnello del suo reggimento, il 1° ussari, di servizio a Ponte san Pietro vicino a Bergamo, con l'intenzione di liberare i suoi uomini infestati da ogni genere di insetti, come pidocchi, scabbie, pulci ecc. fece portare gli abiti oltre il fiume Brembo, costrinse i suoi soldati a lavarsi con sapone e spazzole, e quindi li obbligò ad attraversare il fiume a nuoto per andare a recuperare i nuovi indumenti sulla riva opposta.

L'addestramento non seguiva una

▲ **Dragone piemontese,** al servizio francese (21° dragoni). Molti italiani, specialmente quelli i cui territori finirono sotto la giurisdizione dell'Impero, vennero arruolati nelle fila della Grande Armée. Stampa del Meyer XIX secolo.

Piedmontais Dragoon, in French service (21st dragoons). Many Italians, especially those whose territories came under the jurisdiction of the Empire, were enrolled in the ranks of the Grande Armée. Print of the nineteenth century by Meyer.

regolamentazione uniforme. Ciò era dovuta al fatto che molti ufficiali erano accorsi volontari nelle fila della cavalleria italica un po' da tutta Italia e anche da fuori. Questo ovviamente generò confusione, alla quale si cercò di ovviare proprio creando la scuola lodigiana. Anche la presenza fra i quadri superiori di molti ufficiali francesi comportò qualche problematica; la lingua del reggimento era quanto mai varia a causa di ordini in francese e ordinamenti scritti in italiano, con il risultato che spesso non ci si capiva, e così via. L'organico di ogni reggimento in caso di conflitto era fissato a poco meno di 1.000 uomini e ancor meno cavalli, ordinati su quattro squadroni di due compagnie ciascuno. Per dare maggiore uniformità all'addestramento, il Ministero della guerra decise nel 1811 di inviare ben 5 reggimenti di cavalleria al campo di equitazione di Montichiari, insieme ad una divisione di fanteria. Questo campo, ideato e voluto da Napoleone, utilizzava metodi ed esperienze francesi apprese sul campo della Grande Armata a Boulogne. Organizzato su diverse grosse baracche di legno dove vivevano, vi lasciamo immaginare come vivessero insieme uomini e animali. I soldati ricevevano dalla natura il pane da munizione nero, quello da zuppa bianco, la carne e l'aceto. Le compagnie compravano direttamente sul mercato la verdura, i legumi e la frutta. Ogni drappello poi si arrangiava a cucinare il tutto in pentole comuni. Gli ufficiali e i sottufficiali mangiavano a parte e dormivano in baracche migliori e più igieniche e, soprattutto, assai meno affollate. Col tempo comunque anche la sistemazione della truppa fu migliorata riducendo adeguatamente il numero di soldati per baracca.

▲ **1° Cacciatori a cavallo, Real Italiano**, ufficiale in alta uniforme. Schizzo di Q.Cenni. Collezione Viskuezzen
1st chasseurs on horse, "Real Italiano" officer in full dress by a sketch by Q.Cenni. Private Collection. Viskuezzen

▲ 1810 Ufficiale del **1° Cacciatori a cavallo, Real Italiano**, Schizzo di Q.Cenni. Collezione Viskuezzen
1810 1st chasseurs on horse, "Real Italiano" officer in full dress by a sketch by Q.Cenni. Private Collection. Viskuezzen

UNIFORMI CAVALLERIA DI LINEA

Alla sua fondazione, e negli anni successivi fino alla sua soppressione avvenuta il 28 luglio 1814, la cavalleria di linea del Regno Italico era composta dai seguenti corpi (fra parentesi la data di creazione del reparto):

- Reggimento Dragoni Regina ex 1° ussari (19 giugno 1805).
- Reggimento Dragoni Napoleone ex 2° ussari (4 febbraio 1805).
- 1º Reggimento cacciatori a cavallo Real Italiano (1801).
- 2º Reggimento cacciatori a cavallo Principe Reale (30 marzo 1808).
- 3º Reggimento cacciatori a cavallo (21 settembre 1810).
- 4º Reggimento cacciatori a cavallo (30 dicembre 1811).

Di questi sei reggimenti, grazie al contributo del gruppo di ricostruzione storico che porta lo stesso nome, possiamo raccontare le vicissitudini storiche del 1° reggimento cacciatori a cavallo, il "Real Italiano".
Il 1° reggimento cacciatori a cavallo che, dopo la proclamazione del Regno d'Italia, prese il nome di Real Italiano, o cacciatori Reali a cavallo, nacque a Bourg en Bresse in Francia. Esso fu organizzato dal colonnello P. Viani con elementi, provenienti da tutta la penisola, fuoriusciti dal territorio italico dopo gli eventi causati dalle operazioni militari austro-russe del 1799 che ripresero il controllo del Nord Italia. Il reggimento quindi rientrò in Italia nel 1801 al comando del colonnello Caracciolo di Roccaromana e dal 1803 venne dislocato a Vigevano.
Nel 1805 partecipò, con alcuni elementi, alla battaglia di Caldiero; l'anno seguente i cacciatori furono

▲ **Bella immagine di insieme del 1° Cacciatori a cavallo Real Italiano.** Il gruppo di ricostruzione storica di Novara attivo dal 2001 garantisce una fedele ricostruzione del famoso corpo di cavalleria italiano.

Beautiful image of the 1st Real Italian Chasseurs on horse. The historical reconstruction group of Novara have been active since 2001, provides a faithful replica of this famous Italian cavalry regiment.

▲ **Capo squadrone del 1° Cacciatori a cavallo Real Italiano.** L'ufficiale monta un cavallo riccamente bardato di abbellimenti tipici dell'epoca e spesso fuori ordinanza, Una moda che prese ancor più piede negli ultimi tempi del Regno. Foto del gruppo di ricostruzione storica di Novara.

Chief Squadron of the 1st Chasseurs on horse "Reale Italiano". The officer riding a horse wears a richly décorated uniform typical of that epoch and often out of ordinance, a fashion that took hold in the later period of the Kingdom. Photo of a group of re-enactors of Novara (Italy).

impegnati in Calabria nella divisione Lechi. Trasferitosi in Prussia, durante la campagna del 1807, il reggimento venne assegnato alla divisione Lassalle, brigata Guyot. Dopo un vittorioso scontro sul fiume Passarge, il "Real Italiano" venne posto all'avanguardia della brigata stessa dove, assalito da ingenti forze russe, resistette sul campo, riuscendo a raggiungere la divisione Bruyére con l'intento di portare soccorso al resto della brigata che si era nel frattempo già ritirata. Posti nuovamente in testa e spinti a operare su terreno sfavorevole e senza le dovute precauzioni, impegnarono valorosamente gli squadroni russi. Non sostenuti da altre forze persero nello scontro ben 160 uomini e il loro colonnello A. Zanetti. Napoleone, informato del valoroso comportamento del reggimento, dispose che lo stesso fosse affiancato alla sua Guardia Imperiale (onore mai concesso sino ad allora a nessuna unità straniera). Per il Real Italiano la campagna proseguì come aggregati alla divisione Tulie, con la quale partecipò alle azioni contro gli svedesi presso Straslunda sul mar Baltico.

Nel 1808 il reggimento si spostò in Spagna con la divisione Pino dove i suoi uomini si distinsero, insieme ai dragoni Napoleone, in molti scontri con interventi spesso decisivi. Drappelli del reggimento rimasti in patria vennero invece impegnati nelle azioni che si svolsero sia in Italia che in Austria nel 1809. Di ritorno dalla Spagna, nel 1813, i cacciatori a cavallo furono mandati in Germania e assegnati al 1°Corpo di cavalleria (di Lautour Moubourg) nella 1a divisione leggera, formando la 3a brigata Piquet assieme al 5° e 8° cacciatori leggeri francesi.

Dopo la battaglia di Dresda, al seguito del Corpo di Vandamme, il "Real Italiano" riuscì, durante la battaglia di Kulm, a rompere l'accerchiamento prussiano, caricando assieme ai lancieri polacchi, dovendo pagare tuttavia un prezzo altissimo in termini di caduti.

LE UNIFORMI DEI CACCIATORI A CAVALLO

Dal 1806 il *dolman* alla ussara fino ad allora utilizzato dai cacciatori a cavallo, venne rimpiazzato dall'abito veste con falde posteriori corte del tipo detto alla *"Kinski"* che fu in seguito, nel 1809 adottato anche dai Francesi. Confezionato in panno verde scuro ad un petto. Chiuso da una fila di otto/nove bottoni in peltro. Sempre sul petto erano poste larghe bottoniere o *"brandeburghi"* di lana bianca terminanti a punta, tanti quanti erano i bottoni. Il colletto, i paramani a punta, i risvolti posteriori, la filettatura delle tasche tagliate verticalmente alla *"Soubise"* e la filettatura delle patte delle spalline erano del colore distintivo.

Questo era di colore giallo chiaro (giunchiglia) per il 1° reggimento, scarlatto per il secondo (amaranto secondo Rocchiero), arancio per il terzo e vinaccia/cremisi per il quarto (comunemente chiamato in francese lie de vin ossia fondo di vino). Dal 1810 anche al colletto fu applicato un gallone bianco del tipo di quelli posti al petto ma più piccolo. Lo stesso avvenne anche ai polsini o paramani, che di galloni ne avevano invece due sempre chiusi da un bottoncino in metallo bianco.

Ai risvolti posteriori dell'abito erano posti delle cornette verde scuro. I calzoni verde scuro e gli stivali del tipo all'ungherese rimasero immutati sempre bordati da passamaneria bianca. Nello specifico sui pantaloni tali ornamenti erano a forma di lancia intrecciata.

Il copricapo era lo shakò del tipo in uso con la fanteria, con coccarda tricolore e placca a losanga metallica con incisa in rilievo una cornetta al centro della quale era posto in nero il numero del reggimento.

Il pompon in lana distingueva invece i vari squadroni del reggimento: colore verde per il 1° squadrone, celeste per il secondo, giallo oro per il terzo e violetto per il 4°. In alta tenuta sul pompon veniva inserito il piumetto verde scuro con la sommità del colore distintivo.

Per il 1° reggimento "Real Italico" al posto dello shakò fu adottata una *chapska* alla polacca nera senza cordoni e fiocchi con piumetto nero o verde scurissimo con la sommità del colore distintivo e coccarda tricolore.

I cacciatori italici vennero forniti, come quelli francesi, anche di un'uniforme da campagna: il sourtout (senza alamari) pantaloni da cavallo in panno grigio o verde scuro con rinforzi in pelle e d'armamento similare: sciabola da cavalleria leggera anno IX. , coppia di pistole d'arcione, moschetto da

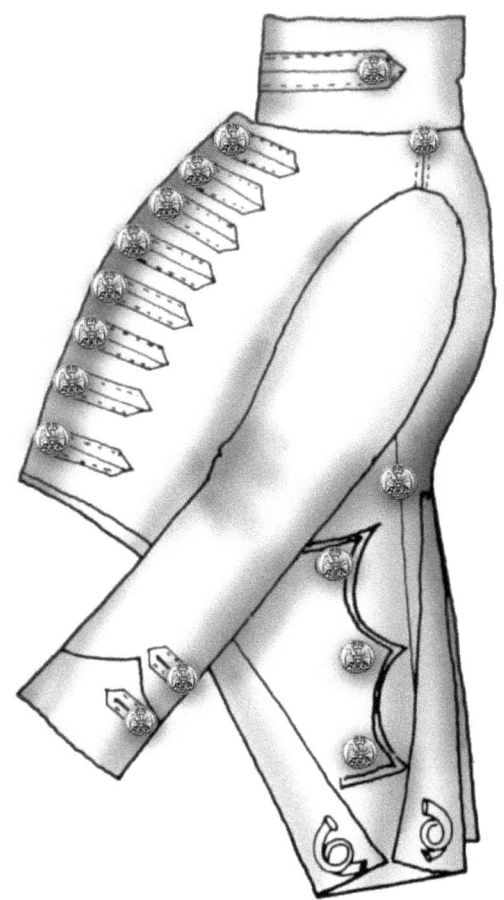

▲ **Abito per Cacciatori a cavallo**, per l'alta uniforme. Notate la presenza degli alamari di lana bianca (argento per gli ufficiali) al petto, polsini, colletto.

Dress for chasseurs on horse, for the full dress uniform. Note the presence of loops in white wool (silver for officers) on the chest, cuffs, and collar.

cavalleria. In campagna gli uomini del reggimento ricoprivano il copricapo con una tela cerata nera.
Il pastrano era in panno verde scuro con fodera e paramani del colore distintivo.
Nell'ambito di ogni squadrone la prima compagnia era denominata compagnia scelta.
I suoi uomini, si differenziavano da quelli delle compagnie ordinarie per alcuni particolari uniformologici. Le controspalline per le compagnie ordinarie erano verdi filettate del colore distintivo, mentre la compagnia scelta aveva spalline di lana a frange rosse.
Oltre a ciò in luogo dello shakò, alla compagnia scelta era riservato l'uso di un colbacco in pelle nera, di forma piuttosto schiacciata. Pare che tutto il 3° reggimento sia stato dotato dei colbacchi destinati solo alle compagnie d'élite. In questo caso la compagnia scelta si differenziava per avere sul colbacco cordoni bianchi e piumetti, assenti nelle compagnie ordinarie.
I reggimenti avevano anche un drappello di genieri detti "zappatori", sempre inseriti nelle compagnie scelte, essi vestivano una divisa identica ma con un colbacco di pelo più alto, forniti di una scure portata a tracolla, due pistole e spesso di lancia a banderuola rossa, con losanga bianca e quadrato verde con la cornetta coronata al centro, il numero del reggimento ad asta in alto; inoltre gli zappatori erano contraddistinti da due asce ricamate sulla manica sinistra e dal portare una fluente barba (obbligatoriamente non bionda).

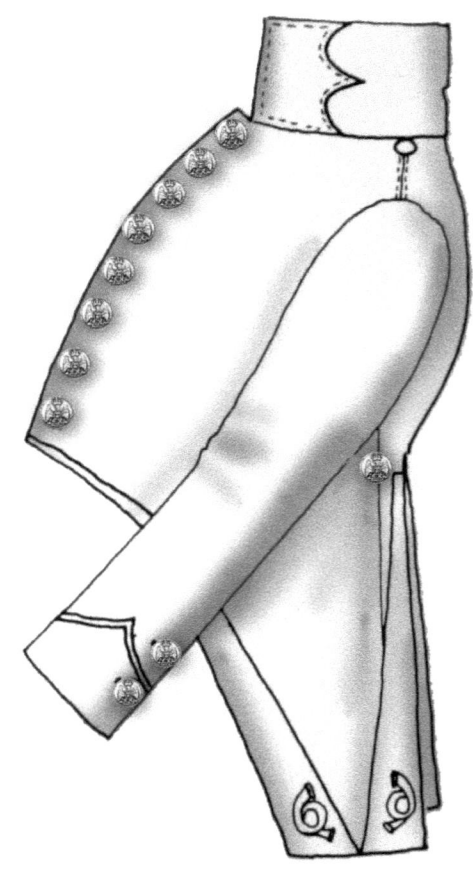

Il loro compito era di precedere il reggimento (anche davanti ai trombettieri), ovviando alle difficoltà di marcia e pare che fossero la scorta del colonnello del reggimento.
Verso il 1810 si ebbe una nuova regolamentazione dell'uniforme uguale per tutti i reggimenti. Si conservarono i colori distintivi già utilizzati.
Al 1° cacciatori fu definitivamente tolto l'uso della *chapska* sostituita da uno shakò nero senza placca con sottogola in metallo bianco, coccarda italiana e piumetto verde con la sommità del colore distintivo.

EQUIPAGGIAMENTO E ARMAMENTO

Cinturino con pendagli e buffetterie bianche e gancio detto alla "serpente", moschettone con baionetta, due pistole e sciabola ricurva da Cavalleria leggera con impugnatura a branchie in ottone modello Anno IX, dragona bianca e fodero in ferro. Anche se non confermato in nessun documento ufficiale, pare che i cacciatori avessero in dotazione anche la *sabretache*, quella borsa tasca tipica degli ussari. Numerosi disegni, anche coevi confermerebbero questo fatto. Essa doveva essere di cuoio ricoperto di panno del colore reggimentale con gallone e numero bianco al centro. La bandoliera incrociava la rangona, entrambe in cuoio bianco. A loro volta ad esse erano sistemate la giberna in cuoi nero verniciato e un gancio metallico per il moschettone da cavalleria. La sella, o

▲ **Surtout per Cacciatori a cavallo**, per l'uniforme ordinaria e campagna. Notate le mostre a tre punte del colore distintivo al colletto del surtout.

Dress for chasseurs on horse, for ordinary and campaign dress. Note the presence of 3 tipped-lap of distinctive color on the collar of the surtout.

shabraque (gualdrappa) era in panno verde con angoli a punta gallonata di bianco e filettatura esterna del colore distintivo. Stesse gallonature per la valigia tonda. In campagna, la gualdrappa veniva sostituita dalla sella in pelle di montone bianca, nera per i trombettieri, con una bordura a denti di lupo, del colore reggimentale; borsa da sella sempre tonda di colore verde bordata in bianco con al centro il numero del reggimento in lana bianca.

TENUTA DEGLI UFFICIALI E DEI TROMBETTIERI

Gli Ufficiali ebbero la stessa uniforme della truppa, ma confezionata con tessuti più fini e ricercati. Con i distintivi del grado in argento ed in argento ebbero come di consueto tutto ciò che per la truppa era bianco. Spalline distintive di grado in argento. I pantaloni avevano banda e gallonature a lancia in argento. Allo shakò veniva applicato un gallone più o meno largo in argento sulla sommità dello stesso. Cordoni e nappe sempre in argento arricchivano il copricapo insieme ad un lungo piumetto generalmente bianco. Gualdrappa e valigia in panno verde o del colore distintivo con galloni di bordura argento o, trattandosi di ufficiali superiori un coprisella in pelle di pantera con denti di lupo del colore distintivo. La bandoliera degli ufficiali era di cuoio ricoperto di gallone argentato. Al mezzo della stessa vi era un piccolo scudetto in metallo con catenine e laccetti ad ago.

▲ **Zappatore dei Cacciatori a cavallo** in tenuta da campagna con lancia banderuola. Modello di Davide Chiarabella.

Sapper of chasseurs on horse dressed for campaign with a small typical lance. Model by Davide Chiarabella.

Sul retro era agganciata la giberna in cuoio nero sagomata e orlata in metallo. Anche il resto della buffetteria era come la bandoliera. L'armamento era costituito dalla sciabola come quella della truppa ma di manifattura più sofisticata. Spesso gli ufficiali superiori si dotavano di sciabole alla orientale di foggia e finitura molto particolari e personalizzate.

I trombettieri rivestirono sempre un ruolo molto importante nei reggimenti di cavalleria e in particolare all'epoca napoleonica si cercò sempre di distinguerli dal resto della truppa. Ovviamente non fecero eccezione quelli dei cacciatori a cavallo. Similmente a quanto accadeva nei reggimenti francesi di cavalleria i trombettieri indossarono le stesse uniformi della truppa ma del colore distintivo del reggimento. Spalline con frangie di lana bianca. Quando usavano il colbacco, esso era bianco e non di pelo d'orso nero. Il coprisella per inverso era di pelliccia di montone nera, mentre con la gualdrappa per l'alta uniforme esso era del colore distintivo. Questo discorso era generalmente valido, ma spesso i colonnelli comandanti pagavano di tasca propria certi abbellimenti che arricchivano le uniformi con spalline, gallonature, piumetti multicolori soprattutto riservati ai loro trombettieri. Negli ultimi anni del Regno il regolamento non venne significativamente modificato ma spesso trascurato o semplicemente ignorato, questo fatto fu dovuto soprattutto alla stravaganza, che gli ufficiali in particolare, ponevano nell'agghindarsi. Nel 1813-14 gli ufficiali dei Cacciatori a Cavallo tentarono infatti di riprendersi la vecchia uniforme alla "Ussara", tanto amata e ancora tanto alla moda

Fu un esplosione di teatrale scelta di fogge e costumi che fece storcere il naso a più di un intendente. Nel marzo del 1814, la cosa venne notata persino dal Viceré, che presenziando a una rivista militare a Mantova, notò che molti Ufficiali di Cavalleria e Ufficiali Generali portavano pantaloni variopinti, con colori improponibili ed uniformi fantasiose, essendo uomo di spirito commentò con umorismo questo fatto, ma, nello tesso tempo pregò il Ministro della Guerra di provvedere in merito.

E' del resto notorio che le truppe italiane (italiche e napoletane in primis) ebbero sempre molta cura del loro aspetto, conservando e curando oltre ogni cura l'equipaggiamento e il vestiario, suscitando sempre e ovunque ammirazione per le loro caratteristiche estetiche.

LE UNIFORMI DEI DRAGONI DELLA LINEA

Nel 1805 Napoleone, fresco Imperatore dei Francesi e Re a Italia, prescrisse di trasformare gli Ussari Italiani in dragoni. Cosi il l° Ussari divenne Reggimento Dragoni Regina ed il 2° prese il suo nome chiamandosi Dragoni Napoleone.

Questo passaggio comportò alcuni problemi. Gli ussari infatti erano notoriamente arruolati fra persone di piccola taglia (e per questo vennero quasi tutti spostati nei cacciatori a cavallo), mentre i dragoni, considerati quasi cavalleria pesante, necessitavano di persone corpulente che non fu facile trovare li per li. Comunque, già nel 1807, in Germania, i due reggimenti erano quasi completi in tutto, uomini ed equipaggiamento, come confermato da documenti del tempo. L'insieme dell'uniforme e dell'equipaggiamento fu molto simile a quello dei coetanei dragoni francesi.

Abito in colore verde scuro a falde lunghe , mostre quadrate con risvolti al petto, polsini, risvolti alle falde e filettature del colore distintivo al colletto e alle tasche e alle controspalline. Bottoni in metallo bianco. Sui risvolti era ricamata una granata di lana verde.

La compagnia scelta (la prima del primo squadrone) ebbe spalline con frangia in lana rossa. Gli zappatori, invece, avevano spalline di ottone

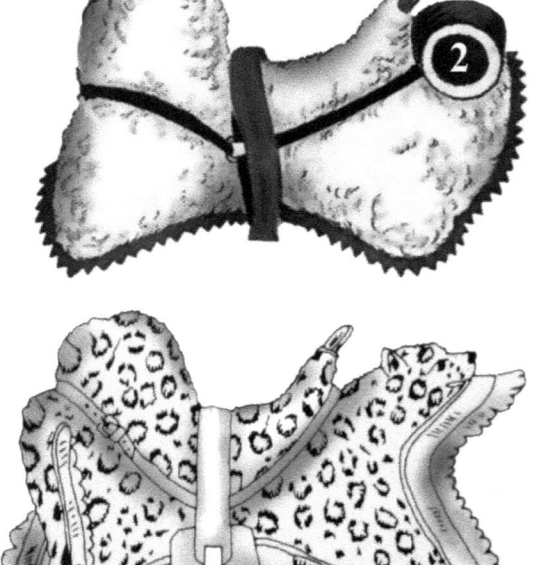

▲ **Coprisella in pelle di montone bianco**, da Cacciatore a cavallo (2° reggimento) con denti di lupo del colore distintivo.

Sheepskin saddle cover in white lamb, for the Chasseurs on horse (2nd regiment) with a distinctive 'teeth of a wolf' pattern in a distinctive colour.

Gualdrappa in pelle di pantera per gli ufficiali dei Cacciatori a cavallo, usata con la grande uniforme.

Panther-skin saddlecloth for the officers of the Chasseurs on horse, used with the full uniform.

▲ 3° E 4° cacciatori a cavallo di linea. Collezione Viskuezzen
3rd and 4th chasseurs on horse,. Private Collection. Viskuezzen

a squame con frangia rossa, sopra la veste portavano un grembiule in pelle bianca od ocra che a cavallo veniva ripiegato sul ventre e trattenuto dal cinturone e sulle maniche avevano due asce incrociate in bianco.

Come copricapo i Dragoni Regina ebbero l'elmo d'ottone del modello francese, con la visiera di cuoio nero cerchiata d'ottone, soggolo a squame in ottone, criniera e piumetto in crine nero di cavallo, fascia di pelliccia di leopardo. I Dragoni Napoleone ebbero in sostituzione della pelliccia di leopardo una banda di vitello marino nero con al centro una N sormontata da corona in metallo bianco. In alta uniforme entrambi applicavano il piumetto di crine verde scuro con la sommità del colore distintivo.

Le compagnie scelte dei due reggimenti e gli zappatori portarono un berrettone alto di pelliccia d'orso nera con visiera di cuoio nero, imperiale rosso con granata bianca, argento per gli ufficiali e piastra d'ottone sulla fronte con granata in rilievo, cordoni, racchette e fiocchi rossi o bianchi in argento per gli ufficiali. L'eventuale piumetto per l'alta uniforme era rosso per le compagnie scelte e gli zappatori. I Dragoni erano rasati, quelli delle compagnie scelte portavano i baffi mentre e gli zappatori vantavano barba, baffi e codino.

La veste e i pantaloni erano bianchi. Questi ultimi in pelle chiusi al ginocchio con tre bottoncini. Stivali neri alti alla scudiera con speroni in ferro per i dragoni montati; ghette lunghe da fanteria, nere d'inverno e bianche d'estate per i dragoni appiedati. In campagna i dragoni a cavallo

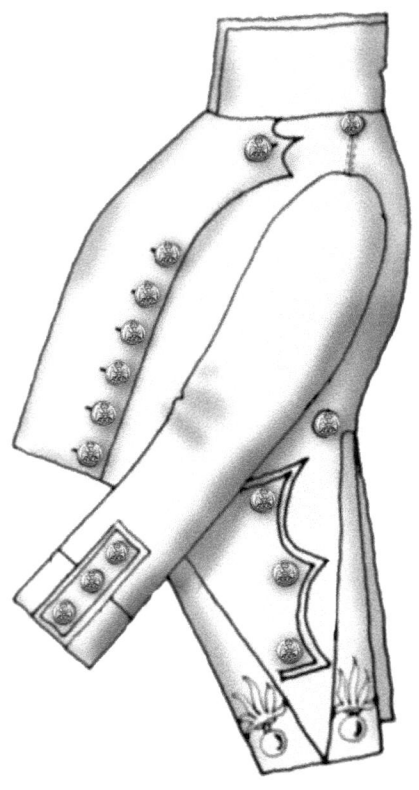

▲ **Abito dei Dragoni a cavallo di linea a falde corte modello 1812.**

Dress of the Dragoons of the line on horse with short 1812 flap models.

indossavano sopra agli stivali dei pantaloni color grigio con rinforzi in pelle. Sempre in campagna era usato molto anche il sourtout di panno verde scuro ad un solo petto con falde corte chiuso da nove bottoni in metallo bianco. Sul colletto erano poste delle mostre a tre punte del colore distintivo. Polsini verdi chiusi da due bottoni e risvolti del colore distintivo.

Berretto da fatica simile a quello in uso nella fanteria, di colore verde scuro con filettature del colore distintivo. Da una serie di disegni contemporanei conservati a Castel sant'Angelo a Roma, pare che i dragoni avessero in dotazione anche un berretto di foggia russo-prussiana, tondo con fascia del colore reggimentale e pompon sulla sommità. Molto probabilmente si trattava di preda bellica catturata dai dragoni nella campagna di Germania del 1813 alla quale parteciparono i Dragoni Napoleone.

In inverno e in campagna venivano indossati i pastrani larghi a coprire tutta l'uniforme. Erano comunemente di colore bianco-grigio, con fodera del colore distintivo e muniti di mantellina sovrapposta denominata "pellegrina". Essi erano tanto ampi da coprire anche la parte posteriore del cavallo riparando l'animale dal freddo e dalle intemperie. I dragoni portavano guanti in pelle scamosciata color ocra chiara, con larghe manopole (moschettiere) bianche.

EQUIPAGGIAMENTO E ARMAMENTO

L'armamento e l'equipaggiamento dei dragoni della Linea era composto da: bandoliera di cuoio bianco con fibbia in ottone, giberna nera, cinturone di cuoio bianco con fibbia in ottone a volte con granata in rilievo, altre volte liscia. Sciabola di modello francese Anno IX, lunga e diritta con impugnatura di ottone, fodero di cuoio nero con rinforzi di ottone, dragona bianca. I dragoni erano armati con un fucile munito di baionetta, simile ma un poco più corto di quello della fanteria, della lunghezza complessiva di 141 centimetri, con cinghia in cordame bianco, a cavallo veniva agganciato sul lato destro della sella con il calcio riposto in un astuccio di cuoio nero. Completavano l'armamento due pistole fissate nell'arcione della sella anteriormente. Queste armi erano del modello Anno IX e alcune, le più moderne modello Anno XIII. Gli zappatori erano dotati oltre alla sciabola di una particolare ascia con manico di legno scuro rinforzato di ottone custodita in un fodero di cuoio nero con sopra ricavata una piccola giberna sempre in cuoio nero con granata di ottone. Come gli zappatori dei cacciatori anche quelli dei dragoni portavano a volte una lancia con la fiamma/banderuola bianca o rossa.

La sella di tipo francese era composta anteriormente da una pelliccia corta di agnello bianca con fodera a dente di lupo del colore distintivo. Dietro vi era il mezzo tappeto da sella in panno verde scuro gallonato di lana bianca, così pure la valigia quadrata posta sopra. Negli angoli posteriori del tappeto da sella era posta una granata in lana bianca. Sopra la valigia veniva posto, opportunamente ripiegato il pastrano, affinché mostrasse la fodera del colore distintivo. I finimenti del cavallo erano in cuoio nero con fibbie e ganci di ottone, del modello in uso alla cavalleria pesante francese. I dragoni a piedi avevano un equipaggiamento più simile a quello della fanteria con bandoliere incrociate al posto del cinturone. Verso la fine del 1813, finalmente i dragoni italici ricevettero la nuova uniforme prevista dal modello francese del 1812. Questo nuovo abito, più moderno e comodo e anche più elegante del precedente consisteva in una veste con mostre verticali e falde corte, del tipo in uso presso i lancieri polacchi. Tuttavia a conforto di questo passaggio di vestiario non è giunta a noi nessuna illustrazione coeva a confermare.

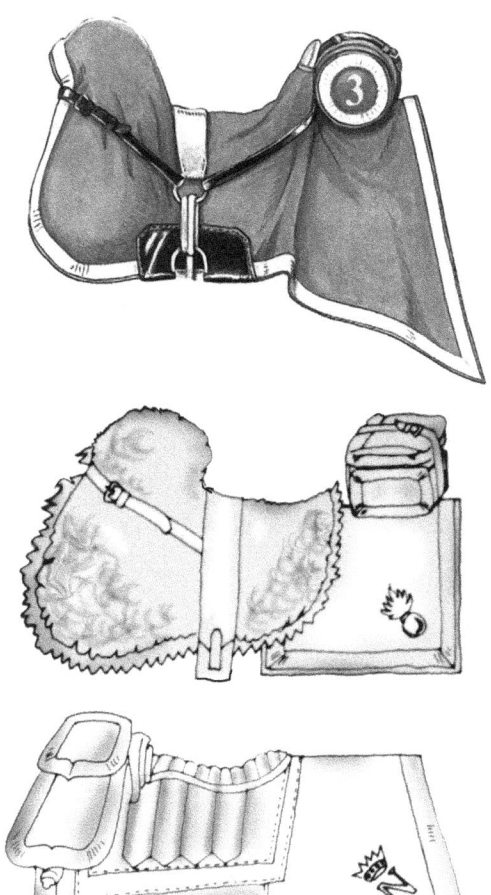

▲ **Gualdrappa in tessuto verde** per la truppa dei Cacciatori a cavallo, in alta uniforme.
Saddlecloth in green fabric for the Chasseurs troops on horse, in full uniform.

Sella da Dragone 1809-1814
Dragon saddle, model of 1809-1814

Sella da ufficiale dei Dragoni
Dragoon officer saddle.

UNIFORMI DEGLI UFFICIALI E DEI TROMBETTIERI E TAMBURINI

Gli ufficiali dei dragoni, come i loro colleghi di altri reggimenti, indossarono l'uniforme della truppa, ma sempre in panno più fine, con le spalline del grado e le granate ai risvolti posteriori e le varie gallonature in argento. Assai diverso anche il copricapo. L'elmo degli ufficiali era del tipo detto "alla Minerva", tutto dorato con banda in pelliccia di leopardo a coprire anche la visiera. Piumetto bianco uscente da un ricco e decorativo tulipano dorato. Più fine ed allungato di quello in uso dalla truppa. Un bell'esemplare di questo elmo è oggi conservato al Museo del Risorgimento di Milano. Gli ufficiali

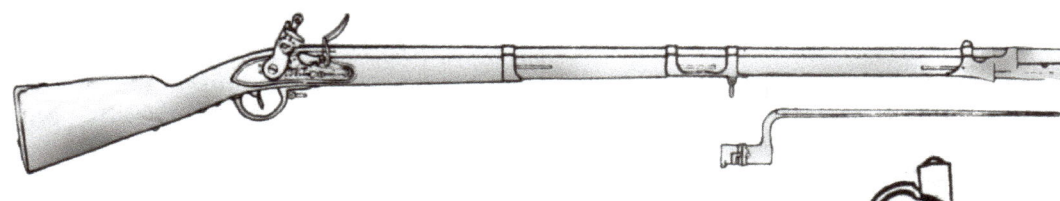

▲ **Moschetto da Dragone** modello Anno IX   *Dragoon musket, year IX model.*

▶ **Sciabola diritta da Dragone** modello anno IX.
Right sword of dragoon, year IX model.

▼ **Schemi delle uniformi di Cavalleria del Regno Italico da Lienhart e Humbert.**
Uniform pattern of the cavalry troops of Italian Kingdom from Lienhart and Humbert.

avevano la stessa sciabola della truppa, ma con l'impugnatura dorata, il fodero in cuoio nero con guarnizioni dorate e la dragona in argento; usarono anche una sciabola simile alla precedente, ma leggermente ricurva. Gli ufficiali ebbero la sella in pelle chiara senza pelliccia con tappeto da sella e copri pistole in panno verde gallonato in argento. Anche i fregi posti agli angoli (una N coronata) erano in argento. La sella degli ufficiali non prevedeva alcuna valigia porta mantello.

I trombettieri dei dragoni vestivano come la truppa con le seguenti differenze: abito del colore distintivo ed una gallonatura bianca al colletto, alle mostre, alle tasche e ai paramani che erano tutti di panno verde scuro. Spalline a frangie bianche, rosse per i trombettieri delle compagnie scelte. Le trombe in ottone avevano il cordone e i fiocchi generalmente bianchi. L'elmo come quello della truppa ma con la criniera ed il piumetto in crine bianco, quelli delle compagnie scelte portavano il berrettone d'orso. Come i trombettieri dei cacciatori a cavallo anche quelli dei dragoni montavano cavalli bianchi ed il mezzo coprisella era di pelliccia di montone nera con i denti di lupo del colore distintivo. Nei reparti a piedi il trombettiere era rimpiazzato dal tamburino che aveva un'uguale uniforme ma, portava le ghette al posto degli stivali, il tamburo aveva la cassa in ottone, tiranti e cordoni bianchi, ed i cerchi decorati con raggi: rossi, bianchi, verdi, bianchi, rossi, bianchi, verdi ecc. ed era sospeso ad una cinghia in cuoio bianco con il porta bacchette in ottone. Trombettieri e tamburini erano armati solo di sciabola.

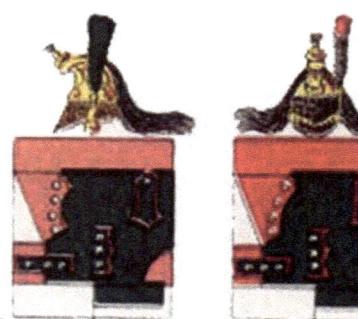

1er Rég   Chasseurs à cheval. 2e et 3e Rég.   4e Rég.   Dragons de la Reine. Dragons Napoléon.

TROUPES ALLIÉES. — ITALIE.
GARDE ROYALE.

Grenadier.   Carabinier.   Vélite Grenadier.   Vélite Carabinier.   Chasseur.   Officier. (Vélites grenadiers.)

Garde d'honneur. Cie de Milan.

Garde d'honneur. Cie de Bologne.

Garde d'honneur. Cie de Brescia

Garde d'honneur de Bologne.   République cisalpine. Tambour.   Garde royale. Officier d'artillerie à pied. [1]   Grenadier de la Garde.

Garde d'honneur. Officier. Cie des Romagnes.

Garde d'honneur. Cie des Romagnes.

Garde d'honneur. Cie de Venise.

Dragon.   Trompette des Dragons.   Artillerie à pied. [1]   Train d'artillerie.   Gendarmerie d'élite.

[1] Nous n'avons pas reproduit l'uniforme de l'artillerie à cheval de la Garde royale, ce dernier étant pareil à celui du corps correspondant dans Garde impériale française. Nous y renvoyons nos lecteurs.

Dr. Lienhart et R. Humbert.

▲ Schemi delle uniformi della Guardia Reale del Regno Italico da Lienhart e Humbert.
Uniform pattern of the Royal Guard troops of Italian Kingdom from Lienhart and Humbert.

Italien.

▲ **Dragoni della Guardia Reale nel 1812** , da sinistra: dragone, ufficiale, dragone e trombettiere, tav. Knotel.
Royal Dragoon Guards in 1812, from left to right: dragoon, officer, dragoon and trumpeter, print by Knotel.

CAVALLERIA DELLA GUARDIA

Alla sua fondazione il 20 giugno 1805, e negli anni successivi fino alla sua soppressione, la cavalleria della Guardia Reale era composta dai seguenti corpi (fra parentesi la data di creazione del reparto):

- Reggimento Dragoni della Guardia Reale.
- Guardie d'Onore (compagnie irreggimentate).
- Gendarmeria scelta della Guardia Reale (6 settembre 1808).

IL REGGIMENTO DRAGONI DELLA GUARDIA REALE

Il Reggimento Dragoni della Guardia fu costituito nel 1805 con la riunione di due reparti di cavalleria già esistenti: uno squadrone di granatieri e uno di cacciatori a cavallo. La sua uniforme si differenziò da quella dei colleghi della linea per l'adozione continua dell'abito lungo, anche quando, verso la fine del Regno i Dragoni di Linea ebbero in dotazione l'abito corto alla polacca.

Questo abito era di panno verde scuro simile a quello dei loro colleghi francesi.

I risvolti al petto, quadrati, erano bianchi come pure le patte ai polsini. Paramani, risvolti alle falde e filettatura alle tasche, rossi; colletto verde scuro. Le spalline erano di lana bianca, a frangia; sotto la spallina destra erano appese due cordelline di lana pure bianca, con i puntali argentati. Granate e bottoni, bianchi; veste, bianca. Calzoni di pelle bianca chiusi al ginocchio con tre bottoncini con calze da stivali di tela bianca. Stivali alla scudiera di cuoio nero con speroni d'acciaio.

Il casco era per tutti gli individui del reggimento il modello detto "alla Minerva" già in uso nella Linea ma dai soli ufficiali. Ricordiamo che in questo modello la fascia di pelliccia di leopardo copriva anche la visiera.

Cimiero dorato, con cresta e criniera nera. Sul lato sinistro era posto, con la grande uniforme, un piumetto rosso (all'inizio esso era rosso e verde) fissato a un supporto tubolare a forma di tulipano dorato. Berretto da fatica dello stesso

▲ **Trombetta dei Dragoni della Guardia Reale del Regno Italico** da Quinto Cenni.

Trumpeter of the Royal Dragoon Guards of the Kingdom of Italy by Quinto Cenni.

▲ Dragoni della Guardia Reale. Collezione Viskuezzen
Dragoons of Royal Guard. Private Collection. Viskuezzen

tipo in uso presso i Dragoni di Linea, con fascia e pompon bianchi, e filettature rosse.

Tutto il resto dell'uniforme, dell'equipaggiamento e dell'armamento era identico a quello in dotazione ai Dragoni di Linea. La giberna aveva il coperchio arricchito dalla presenza di un'aquila imperiale in metallo argentato.

La gualdrappa era del tipo previsto per gli Ufficiali dei Dragoni di Linea, di panno verde scuro con filettatura esterna rossa, gallone interno di lana bianca, e granata bianca agli angoli posteriori.

Valigia quadrata verde con filettature e galloni uguali alla gualdrappa; due coprifonde (più tardi tre), pure uguali alla gualdrappa. I finimenti dei cavalli erano conformi a quelli dei Dragoni di Linea.

UNIFORMI DEGLI UFFICIALI E DEI TROMBETTIERI

Gli Ufficiali indossavano l'uniforme della truppa, ma con tutto ciò che nella truppa era bianco qui era argento: le spalline, cordelle, granate ai risvolti e

▲ **Ritratto di Francesco Teodoro Aresi Lucini** fu anche comandante della compagnia delle Guardie d'Onore di Milano, oltre che colonnello di fanteria e altro. Più tardi finì allo Spielberg con Pellico e Maroncelli.

Portrait of Francesco Teodoro Lucini Aresi, company commander of the Guards of Honor of Milan, as well as colonel of infantry, and more. Later he ended up in the Spielberg jail with Pellico and Maroncelli.

bottoni. Piumetto bianco sull'elmo "Minerva" per gli Ufficiali Superiori, rosso per gli altri. Gualdrappa simile a quella della truppa ma con gallone e granata d'argento. Doppio gallone per gli Ufficiali Superiori, più largo quello esterno, più stretto quello interno. Morsi, fibbie e pettorale in ottone dorato.

I trombettieri avevano invece, in gran tenuta, un'uniforme unica e caratteristica. L'abito era celeste con risvolti al petto, risvolti alle falde e paramani, rossi con patte ai polsini, filettatura ai risvolti, alle falde e alle tasche di colore bianco. Spallina bianche a frangia rossa (alcune tavole mostrano il piatto in metallo bianco).

I Trombettieri non portavano le cordelline alla spalla destra. Il Cenni aggiunge dei piccoli alamari bianchi sui risvolti al petto in luogo di ogni bottone.

Il casco era quello della truppa, ma con cresta e criniera scarlatte, e piumetto celeste. La gualdrappa del cavallo era in panno celeste, con doppio gallone bianco, più stretto all'esterno e più largo all'interno. Una granata bianca era posta agli angoli posteriori.

Valigia e tre coprifonde con gli stessi galloni della gualdrappa. Mantello ripiegato, bianco con fodera celeste. La tromba classica in ottone con cordoni e fiocchi di lana misto bianco e celeste; drappella di seta rossa con frangia d'argento, al centro l'aquila Imperiale in argento.

UNIFORMI DELLE GUARDIE D'ONORE

In occasione del viaggio che Napoleone fece in Italia per cingere la Corona Ferrea, simbolo del Regno d'Italia che sarebbe nato con l'incoronazione il 26 maggio 1805 nel Duomo di Milano, Napoleone fu accolto al suo ingresso in città da novantadue Guardie d'Onore a piedi e a cavallo. I componenti di questa Guardia erano stati scelti tra i giovani delle famiglie più abbienti della città e pur essendo

▲ **Parata delle truppe di cavalleria del Regno Italico a Milano in piazza Castello** stampa del tempo dall'originale del Museo del Risorgimento di Milano.

Parade of cavalry troops of the Kingdom of Italy in Milan in Piazza Castello. Contemporary print from the original in the Museum of Risorgimento, Milan.

soltanto "Guardie" avevano tutti i distintivi di grado di Capitano! Questa Guardia, al termine delle particolari incombenze puramente onorifiche si sciolse.

Napoleone però, con il decreto del 26 giugno 1805 che organizzava in forma più completa e articolata la nuova Guardia Reale decise la formazione di quattro compagnie di Guardie d'Onore, di cui la prima portò il nome di Compagnia di Milano, la seconda di Bologna, la terza di Brescia e la Quarta di Romagna.

Ogni compagnia doveva essere composta di cento uomini, sessanta a cavallo e quaranta a piedi e dovevano essere membri delle famiglie più importanti dei dipartimenti interessati.

La compagnia di Milano doveva trarre i suoi componenti dai Dipartimenti di Olona, Agogna, Lario e Adda.

Il loro mantenimento doveva essere assicurato dai parenti, mentre l'amministrazione avrebbe fornito il cavallo e le razioni di mantenimento, armamento ed equipaggiamento sia per gli uomini a piedi che a cavallo. Due anni di servizio in queste compagnie davano diritto a passare nei reggimenti di Linea col grado di Sottotenente. Per decreto queste compagnie dovevano fornire essenzialmente il servizio presso il Re (o Viceré).

Un decreto del Viceré del 6 agosto 1805 stabiliva che il Capitano avrebbe portato le insegne di colonnello, il Tenente quelle del Capitano e il Sottotenente quelle del Tenente.

L'uniforme delle Guardie d'Onore era derivata nel

▲ **Ufficiale delle Guardie d'Onore in alta uniforme.**
Modello EMI per gentile concessione di Ivo Fossati.
Officer of the Guard of Honor in full dress uniform. Model courtesy of EMI by Ivo Fossati.

taglio a quella dei dragoni da cui differiva però per una maggiore ricchezza di colori e abbellimenti. Per le Guardie a cavallo era previsto l'abito a falde lunghe.

Esso era Bianco per la compagnia di Milano (in panno rosso dalla metà del 1805 con risvolti, polsini collo ecc. blu).

La compagnia di Brescia aveva l'abito blu con colore alle mostre Cremisi. Quella di Bologna giacca bianca con mostre blu ed infine quella di Romagna giacca verde scuro come i dragoni con mostre al petto, ai risvolti, polsini, collo ecc. di colore rosso.

La bardatura dei cavalli era pure simile a quella dei dragoni, ma il colore della gualdrappa era quello del colore distintivo della compagnia con galloni argento.

Per la bassa uniforme anche le Guardie usarono il sourtout e pantaloni da scuderia per i reparti montati. Nel 1806 con la congiunzione del Veneto al Regno d'Italia viene aggiunta una quinta compagnia detta di Venezia.

Nello stesso periodo si da vita ad una semplificazione delle uniformi, abolendo orpelli ed alamari in sovrappiù, conservandoli solo al colletto. Il cappello usato era il bicorno nero con gallone dorato o bianco secondo i bottoni con coccarda tricolore nella quale veniva innestato tramite un supporto un

▲ **Dragone della Guardia Reale del Regno Italico nel 1812** da Quinto Cenni.

Royal Dragoon Guards of the Kingdom of Italy in 1812 by Quinto Cenni.

Italien.

Reiter.   **Offizier.**   **Trompeter.**   **Reiter.**   **Offizier.**

▲ **Uniformi delle Guardie d'Onore a cavallo del Regno Italico, 1812**. Stampa del Knotel.
Uniform of the Guards of Honour on horse of the Kingdom of Italy, 1812. Print by Knotel.

piumetto di colore bianco.

Per le uniformi delle Guardia d'Onore a piedi è sufficiente, sostituire gli stivali da dragone con ghette in cuoio. L'armamento prevedeva inoltre un fucile da Dragone e una giberna in cuoio nero con bandoliera in gallone d'argento.

Attorno al 1811, e prima della campagna di Russia, l'uniforme delle Guardie d'Onore subisce una radicale trasformazione.

Tutte le compagnie infatti vestiranno un abito da dragone di colore verde scuro, panciotto bianco e calzoni in pelle chiara. Stivali alti alla scudiera di cuoio nero con speroni in acciaio. Le compagnie si differenziavano per il colore distintivo (mostre) che era posto a: colletto, risvolti del petto, paramani, risvolti alle falde e fodera. Tale colore divenne rosa per la compagnia di Milano, giallo per Bologna, camoscio per Brescia, rosso per Romagna ed infine arancio per quella di Venezia. Completava l'uniforme la presenza di alamari bianchi a collo e polsini, cordelline bianche, controspalline in metallo giallo e aquile di lana bianca alle falde.

Altra caratteristica che differenziava le varie compagnie era il colore del manto dei cavalli: esso era nero per le compagnie di Milano e Bologna, baio per quelle di Brescia e Romagna ed infine balzano (con macchie bianche alle zampe) per quella di Venezia.

Ma l'elemento certo più appariscente dell'uniforme delle Guardie d'Onore era il caratteristico copricapo. Elmo alla

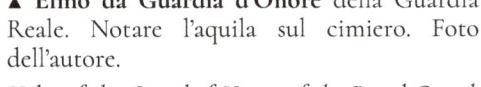

▲ **Elmo da Guardia d'Onore** della Guardia Reale. Notare l'aquila sul cimiero. Foto dell'autore.

Helm of the Guard of Honor of the Royal Guard. Note the eagle on the crest. Author photo

dragone ma di foggia assai originale. Completamente in ottone, con all'altezza del cimiero una aquila con le ali spiegate all'indietro. Fascia in metallo bianco recante al centro in sbalzo l'iniziale imperiale N sormontata dalla Corona Ferrea. Completava l'elmo una cresta di pelo nero ed un piumetto bianco posto sulla sinistra.

UNIFORMI DEGLI UFFICIALI E DEI TROMBETTIERI

Gli ufficiali aggiungevano alla già ricca tenuta della truppa un maggior numero di decori e ricami. Sostituivano alle filettature bianche o gialle, l'argento o l'oro.

Grazie al grande lavoro dell'illustratore Adam che seguì l'armata imperiale nella avventura russa, sono giunti a noi diversi schizzi delle Guardie d'Onore, che per la loro appariscenza dovettero stuzzicare non poco la fantasia del disegnatore.

Fra queste segnaliamo quella di un trombettiere delle Guardie di Bologna, che fedele alla regola dei colori invertiti per i musicanti, ci rimanda un abito di colore giallo con mostre celesti e galloni argentati.

Le Guardie d'Onore pagarono un alto tributo di sangue in Russia, tanto da essere decimate.

I pochi superstiti che riuscirono a fare ritorno in patria furono quindi ricollocati nei reggimenti di linea col grado di ufficiale.

Il reggimento di conseguenza venne ridotto ad una sola compagnia con i colori della compagnia di Romagna.

UNIFORMI DELLA GENDARMERIA SCELTA

La gendarmeria della Guardia reale trae la sua origine dal distaccamento di Gendarmerie d'élite della Guardia Imperiale Francese rimasto presso il Viceré Eugenio nel 1805 e al quale vennero poi aggiunti componenti italiani di provato valore. Al momento del loro rimpatrio infatti il Viceré chiese ed ottenne di poter trattenere presso di sé due ufficiali e venticinque gendarmi.

L'origine francese fu quindi la ragione che portò a mantenere per questa unità l'uso del colore blu scuro per l'uniforme e le mostreggiature cremisi; secondo alcune fonti però, negli ultimi periodi del Regno si portò, in tenuta ordinaria, il colore verde per l'abito.

Benché fosse chiamato amministrativamente Reggimento, tale corpo era composto di due sole compagnie a formare uno squadrone dotato di bandiera.

Facendo parte della Guardia Reale prese parte a tutti i fatti d'arme e le operazioni a cui questa partecipò, fu quindi in Prussia nel 1806, in Austria nel 1809, in Russia nel 1812 e in Germania nel 1813.

L'abito blu era lungo con risvolti al petto e alle falde, paramani, e filettature alle tasche, di colore cremisi; colletto blu con filettatura cremisi. Controspalline a trifoglio sulla spalla destra, treccia con cordelle sulla sinistra, entrambe di lana bianca. Bottoni in metallo bianco e granate ai risvolti bianchi. Veste bianca. Pastrano pesante da Cavalleria di panno blu con fodera cremisi. Berretto blu con filettature e fiocco cremisi. Guanti di pelle gialla con manopole (moschettieri) bianche. Berrettone di pelo d'orso nero, senza placca, con imperiale rosso fregiato da croce bianca in lana. Cordoni, fiocchi e nappe, di lana bianca. Soggolo in metallo bianco a scaglie. Pantaloni di pelle bianca con stivali alti alla scuderia in cuoio nero con speroni d'acciaio. L'Equipaggiamento e armamento era simile a quello dei Dragoni. Bandoliera e cinturone in cuoio color ocra con orlo bianco. Gualdrappa di panno blu scuro, con filettatura esterna cremisi e gallone interno bianco; granata bianca agli angoli posteriori, valigia quadrata e coprifonde con gli stessi ornamenti della gualdrappa.

UNIFORMI DEGLI UFFICIALI E TROMBETTIERI

Gli Ufficiali indossavano l'uniforme della truppa con spalline, cordelle a granate ai risvolti, e tutto quanto bianco nella truppa in argento. Cinturone della truppa ma gallonato di tessuto d'argento; bandoliera di gallone d'argento, con cordelle, scudicciolo e mascherone, d'argento. Giberna di cuoio nero con aquila imperiale argentata. Gualdrappa della truppa con gallone e granata d'argento; doppio gallone per gli Ufficiali Superiori. Valigia e le tre coprifonde gallonate uguali alla gualdrappa.

I Trombettieri indossavano l'abito con i colori invertiti, vale a dire cremisi con colletto, risvolti al petto, paramani, risvolti alle falde e filettature alle tasche, blu scuro. Patte ai polsini, cremisi. Gallone di lana bianca e rossa al colletto e alle manopole (in argento secondo altre fonti). Berrettone come per la truppa, piumetto bianco con sommità cremisi.

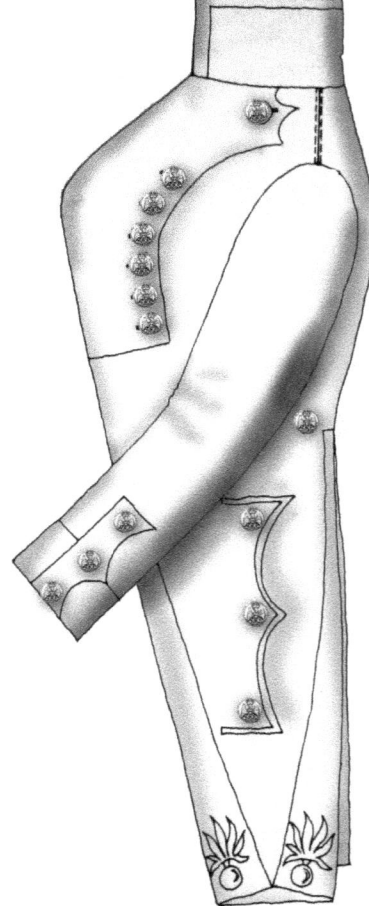

▲ **Uniforme-abito da gendarme scelto della Guardia.**

Full dress of Elites Gendarmerie of the Guard.

LE BANDIERE DI CAVALLERIA

LE BANDIERE DELLA CAVALLERIA DI LINEA

I quattro Reggimenti Cacciatori a cavallo portavano bandiere simili a quelle in uso nella Fanteria ma di dimensioni assi più contenute, ma con gli stessi colori, ornamenti e diciture.

Al rovescio dello stendardo esse presentavano una variante, cioè avevano agli angoli una cornetta col numero del reggimento al centro, sormontata dalla corona ferrea, il tutto in oro. Le bandiere di Cavalleria misuravano cm 60 per lato e avevano, (per certo quella dei dragoni) la frangia in oro.

L'aquila e l'asta erano identiche a quelle della Fanteria; in più l'asta recava un cursore metallico con anello per l'aggancio al budriere dell'Alfiere.

L'incarico onorifico di portare lo stendardo era riservato al sottufficiale più anziano dello squadrone. Ogni squadrone aveva la sua bandiera. I Dragoni avevano la stessa bandiera dei cacciatori, cambiavano solo i testi raffigurati e alcune insegne. La bandiera del Reggimento Napoleone recava al diritto la scritta "DRAGONI NAPOLEONE" con sotto la dicitura "...SQUADRONE" preceduta dal numero relativo. Tutte le scritte, in oro, erano racchiuse entro due fronde, una d'alloro (sinistra) e una di quercia (destra). Il rovescio portava le armi del Regno Italico; agli angoli del drappo vi era la lettera " N " sormontata dalla corona ferrea.

Il Reggimento Dragoni "Regina " aveva due bandiere. La prima, detta mod. 1809, era riccamente ornata: il diritto recava un globo terrestre con la scritta in oro " NAPOLEONE IMPERATORE DE" FRANCESI RE D'ITALIA AL REGG.TO DRAGONI DELLA REGINA "; il globo era contornato da fronde d'alloro e di quercia; sotto il globo, un cartiglio azzurro con la dicitura " ... SQUADRONE" anche in questo caso preceduta dal numero relativo. Il rovescio era identico a quello della bandiera dei Dragoni Napoleone, ma con alcune varianti e cioè: l'aquila dello stemma non aveva corona, ma una stella d'oro con la lettera " N " posta sopra la testa; sotto lo scudo, posto sul petto, ve n'era un altro, azzurro, con la lettera " N " in oro; ai quattro angoli vi erano delle corone d'alloro chiuse da un nastro svolazzante, il tutto in oro. La seconda bandiera del reggimento, adottata nel 1813, era più semplice della prima: il diritto era uguale al precedente, ma la scritta non poggiava più sul globo azzurro mentre il rovescio doveva essere simile al precedente.

LE BANDIERE DELLA CAVALLERIA DELLA GUARDIA

Il Reggimento Dragoni aveva due bandiere, una per ogni squadrone; il drappo era del solito modello in uso già descritto per la Cavalleria di Linea; il diritto recava la scritta " NAPOLEONE IMPERATORE E RE Al DRAGONI DELLA GUARDIA REALE ", mentre il rovescio aveva la stessa aquila raffigurata sulle bandiere della Fanteria; agli angoli la corona d'alloro con il nastro svolazzante e la lettera " N " al centro. Queste bandiere erano senza frangia e misuravano cm 56 per lato.

La bandiera della Gendarmeria scelta infine portava al verso al centro della losanga bianca, l'aquila imperiale sormontata da una corona e da un nastro azzurro recante la scritta GUARDIA REALE, sotto l'aquila un altro nastro azzurro con la scritta VALORE E DISCIPLINA, al centro del corpo dell'aquila un ovale rosso con al centro la corona d'Italia in oro; tra le zampe uno scudetto azzurro con la N in oro; nei quattro triangoli una granata in argento con le "fiamme" dirette al centro. La scritta per esteso sul recto chiusa in una fronda d'alloro e lauro al naturale è: NAPOLEONE IMPERATORE DE' FRANCESI RE D'ITALIA ALLO SQUADRONE DI GENDARMERIA SCELTA. Il drappo misurava cm 60 ed era orlato da una frangia d'argento. Tutti gli emblemi erano dipinti e non ricamati.

ps. Nelle tavole a colori sono visibili alcune delle bandiere qui descritte.

Italien.

▲ **Uniformi dei Dragoni di Linea del Regno Italico, 1812**. A sinistra il "Regina" a destra il "Napoleone".Stampa del Knotel.
Uniforms of the Line Dragoons of the Italian Kingdom, 1812. On the left the "Regina" at right the "Napoleon". Knotel Print.

CAMPAGNA DI RUSSIA DEL 1812

Due belle stampe, oggi conservate al Museo Civico del Risorgimento di Milano, ci presentano l'esercito del Regno d'Italia nel 1812, alla vigilia della Campagna di Russia di Napoleone. Entrambe recano la didascalia di dedica al Conte Fontanelli, Ministro della Guerra del Regno d'Italia; una rappresenta *"L'Infanteria del Regno d'Italia"*, l'altra la *"Cavalleria del Regno d'Italia"* e ci consentono di osservare i vari Corpi militari, passati in rivista dal Viceré Eugenio di Beauharnais, figlio adottivo di Napoleone.

I PREPARATIVI ALLA CAMPAGNA

Il Principe Eugenio aveva già ricevuto, nel dicembre del 1811, gli ordini per la formazione del IV Corpo d'Armata, Corpo d'Osservazione d'Italia, che avrebbe dovuto essere costituito da tre Divisioni: la 13a, la 14a, la 15a e quest'ultima era composta da truppe del Regno d'Italia.

Napoleone, ormai deciso ad intraprendere la "punizione dello Zar Alessandro" prevedeva di cominciare le ostilità nel febbraio del 1812 e pertanto sollecitava il Viceré affinché affrettasse i preparativi del contingente italiano che avrebbe preso parte alla campagna.

A fine gennaio del 1812 fu emanato il Decreto Imperiale che ordinava a tutti i Corpi destinati a costituire la Grande Armata di raggiungere la loro destinazione e il 18 febbraio 1812 il Viceré assistette, col Ministro della Guerra Conte e Generale di Divisione Fontanelli, alla Rivista della Guardia Reale che subito dopo si mise in marcia per raggiungere la Germania, seguita dalla Divisione Pino e dalle altre unità destinate a costituire il IV Corpo della Grande Armata.

▲ Stampa coeva raffigurante una battaglia in Russia che vide impegnate le truppe italiche.
Contemporary print representing a battle in Russia in 1812, which depicts the engagement of Italic troops.

La 15a Divisione comandata dal Generale Domenico Pino era costituita da:

Un battaglione del 1° Reggimento di Fanteria Leggera
Quattro battaglioni del 3° Reggimento di Fanteria Leggero
Tre battaglioni del Reggimento Dalmata
Quattro battaglioni del 2° Reggimento di Fanteria di Linea
Quattro battaglioni del 3° Reggimento di Fanteria di Linea
Quattro compagnie di Artiglieria Reggimentaria
Quattro compagnie di Artiglieria a piedi
Un distaccamento di operai
Una compagnia di Artiglieria a cavallo
Due compagnie del Treno d'Artiglieria
Una compagnia di zappatori
Un battaglione di equipaggi militari con cavalli Ambulanza, servizi riuniti, poste
Una Brigata di Cavalleria Leggera, comandati dal Generale Giovanni Villata, composta da:
Quattro squadroni del 2° Reggimento Cacciatori a cavallo
Quattro squadroni del 3° Reggimento Cacciatori a cavallo
Servizi riuniti

La Divisione della Guardia Reale, comandata dal Generale Teodoro Lechi, era composta da:

Cinque compagnie di Guardie d'Onore
Due battaglioni di Veliti Reali
Due battaglioni di Fanteria della Guardia
Due squadroni Dragoni della Guardia
Due compagnie d'Artiglieria a piedi della Guardia
Una compagnia d'Artiglieria a cavallo della Guardia
Due compagnie del Treno d'Artiglieria
Tre compagnie d'Artiglieria reggimentaria
Due battaglioni di Coscritti della Guardia Reale
Una compagnia di marinai
Una compagnia di equipaggi militari con cavalli
Ambulanza, servizi riuniti, poste
Quattro squadroni Reggimento Dragoni Regina, aggregato alla Guardia Reale
Gran Parco: due compagnie d'Artiglieria a piedi, cinque compagnie del Treno d'Artiglieria, una compagnia di zappatori, due compagnie di Pontieri, un distaccamento d'operai, tre compagnie d'equipaggi militari con cavalli, sei compagnie d'equipaggi con buoi.
Parco del Genio: una compagnia del Treno.

Giunti a Zaprunie corrono al loro incontro; ma non trovarono nello scoprirle che inanimati cadaveri.

▲ La durezza della guerra in Russia nel 1812 Da Storia dell'armi italiane dal 1796 al 1814.

The harshness of the war in Russia in 1812 from "Storia dell'armi italiane dal 1796 al 1814."

▲ Tromba dei Dragoni a cavallo della Guardia reale 1812 circa. Da uno schizzo di Quinto Cenni.
Trumpeter of the Dragoon Royal Guards on horse around 1812. From a sketch of Quinto Cenni.

IN VIAGGIO VERSO LA RUSSIA

Secondo gli ordini i componenti del IV corpo dovevano riunirsi a Monaco di Baviera tra il 4 ed il 19 marzo e, da qui, raggiungere Glogau sull'Oder, ove giunsero all'inizio di maggio.

Qui furono passati in rivista dal Viceré che espresse soddisfazione per la tenuta e disciplina delle truppe italiche.

Da Glogau le truppe italiane si diressero verso Plock, sulla Vistola, luogo previsto per il concentramento di tutte le unità componenti il IV Corpo, località raggiunta il 30 maggio; il IV Corpo in quella data aveva una forza di 52.000 uomini e 10.500 cavalli.

Entro maggio tutta la Grande Armata era spiegata su un fronte di 400 chilometri, lungo la Vistola, da Varsavia a Danzica secondo la seguente dislocazione: un primo gruppo di Corpi d'Armata, alla dipendenza diretta di Napoleone, occupava la sinistra dello schieramento e comprendeva : la Guardia Imperiale comandata dal Maresciallo Mortier, il I Corpo del Maresciallo Davout, il II Corpo del Maresciallo Oudinot, il III Corpo del Maresciallo Ney, il I Corpo di Cavalleria del Generale di Divisione Nansouty ed il II Corpo di Cavalleria del Generale di Divisione Montbrun.

Un secondo gruppo di Corpi d'Armata, al centro, comandata dal Viceré Eugenio schierava il IV Corpo al suo diretto comando ed il VI Corpo del Maresciallo Gouvion Saint-Cyr composto di Bavaresi, III Corpo di Cavalleria Generale di Divisione Grouchy.

Il terzo gruppo, a destra, era comandato dal Re di Vestfalia Gerolamo Bonaparte e costituito dal V Corpo del Generale di Divisione Principe Poniatowski composto di Polacchi del Granducato di Varsavia, dal VII Corpo del Generale di Divisione Reynier, VIII Corpo Generale di Divisione Junot e IV Corpo di Cavalleria Generale di Divisione Latour Maubourg.

All'estrema sinistra era dislocato il X Corpo del Maresciallo Macdonald e all'estrema destra il Corpo del Principe di Schwrtzenberg, di truppe austriache.

L'inizio "ufficiale" della Campagna di Russia è considerato il 22 giugno 1812, data del proclama emanato da Napoleone alle truppe dalla località di Wilkowiszki; il proclama cominciava: " *Soldati! La seconda guerra della Polonia è cominciata...*", ma alle truppe del Viceré, accampate a Kalwary, fu letto il 25 giugno 1812.

I PRIMI SCONTRI CON L'ARMATA RUSSA

I primi soldati della Grande Armata attraversarono il fiume Niemen, frontiera con l'Impero Russo, il 23 giugno, mentre le truppe italiane lo varcarono il 1° luglio. Fin dalle prime giornate di marcia in territorio russo le unità italiane scoprirono le difficoltà del procedere su strade rese melmose dalla pioggia causata da furiosi temporali, e per di più gli approvvigionamenti sul territorio erano praticamente inesistenti!

L'esercito russo sfuggiva il contatto, cosicché gli italiani ebbero la prima occasione di combatterli solo il 26 luglio, nelle vicinanze di Ostrovno; qui i russi si erano attestati, con 20.000 fanti e 6.000 uomini di cavalleria, in un bosco, protetti da uno scosceso burrone. Per prima prese contatto la Divisione Delzons, soldati francesi, appoggiati dall'Artiglieria della Guardia Reale italiana; inizialmente la Divisione francese ebbe successo respingendo l'ala destra russa, ma si espose al contrattacco dell'ala sinistra nemica protetta dal bosco e dal burrone ed il comandante russo, Generale Konownitsyn, li costrinse ad una ritirata disordinata. L'intervento della Cavalleria di Murat arrestò l'inseguimento russo e il Viceré lanciò al contrattacco un battaglione del 1° Reggimento di fanteria leggera, i due battaglioni del Reggimento Coscritti della Guardia Reale e la 13a Brigata di Cavalleria Leggera italiana agli ordini del Generale Villata che, caricando impetuosamente, provocando lo scompiglio nel nemico, lo costringeva al ripiegamento.

In quel primo scorcio di campagna si succedettero vari scontri d'attrito con i contingenti russi comandati dal Generale Barclay de Tolly, ma il contingente italiano non ne fu coinvolto in modo

▲ **TAVOLA A**: 4° Cacciatori a cavallo 1813
1 -Capo Squadrone in tenuta fuori ordinanza 2 - Tromba dei Cacciatori.

Guglielmo Aimaretti

▲ **TAVOLA B:** Guardie d'Onore Compagnia di Milano 1805-06
1- Guardia a cavallo in gran tenuta 2- Guardia a piedi in gran tenuta 3- Guardia a cavallo in gran tenuta 1806.

Guglielmo Aimaretti

▲ **TAVOLA C**: 1° Reggimento Ussari 1803-1804
1- Ussaro in gran tenuta.

▲ **TAVOLA D:** 1º Cacciatori a cavallo 1806-1807 "ritorno al bivacco".
1- Cacciatore in bassa tenuta 2- Cacciatore a cavallo in uniforme mista 3- Sottufficiale in tenuta ordinaria.

Guglielmo Aimaretti

▲ **TAVOLA E**: 1° Cacciatori a cavallo 1811
1- Cacciatore della compagnia di centro 2- Bandiera dei cacciatori della Legione Lombarda.

▲ **TAVOLA F:** 4° Reggimento Cacciatori a cavallo 1813
1- Maresciallo della compagnia d'Élite 2- Sottufficiale anziano portastendardo 3- Capo Squadron
4- Tromba in alta uniforme, compagnia di centro.

2

3

1

Guglielmo Aimaretti

▲ **TAVOLA G**: 3° Reggimento Cacciatori a cavallo 1812
1- Ufficiale superiore in alta uniforme 2- Recto bandiera 2° Regg. Cacciatori. 3- Verso della stessa bandiera

Guglielmo Aimaretti

▲ **TAVOLA H:** Cacciatori a cavallo 1811-1813
1- Maresciallo d'alloggio 4° Regg. 1813 2- Ufficiale in tenuta da campagna 4° Regg. 1813 3- Tromba in lata
uniforme 1° Regg. 1813 4- Cacciatore compagnia d'élite del 2° Regg. 1811

▲ **TAVOLA I**: 1º Cacciatori a cavallo Real Italiano 1807-09
1- Tromba in gran tenuta 2- Capo Squadrone in gran tenuta.

Guglielmo Aimaretti

▲ **TAVOLA K:** Dragoni e Cacciatori 1809-1812
1- Zappatore Dragoni Napoleone 2- Zappatore 3° Reggimento Cacciatori a cavallo
3- Dragone della Guardia Reale in alta uniforme.

Guglielmo Aimaretti

▲ **TAVOLA L**: I Dragoni Italici a Wagram 6 Luglio 1809
1- Trombettiere della compagnia d'élite 2- Corazziere austriaco.

▲ **TAVOLA M:** Reggimento Dragoni Regina nel 1812
1- Dragone di una Compagnia di centro 2- Ufficiale in gran tenuta 3- Tromba in gran tenuta.

Guglielmo Aimaretti

▲ **TAVOLA N**: I I Dragoni in Spagna
1- Ufficiale superiore in alta uniforme 2- Tromba della compagnia di centro
3- Recto bandiera dei Dragoni Regina 4- Verso della stessa bandiera.

▲ **TAVOLA O:** Le Guardie d'Onore in Russia 1812
1- Guardia della compagnia di Romagna 2- Portastendardo compagnia di Milano.

▲ **TAVOLA P**: Gendarmeria della Guardia Reale 1812
1- Sottufficiale portastendardo in gran tenuta 2- Trombettiere in gran tenuta.

▲ **TAVOLA Q**: Gendarmeria della Guardia Reale 1812
1- Gendarme a cavallo in alta tenuta 2- Ufficiale in alta tenuta.

significativo. A seguito di questi primi fatti d'arme più impegnativi per gli italiani non mancarono apprezzamenti lusinghieri sia del Re di Napoli sia dell'Imperatore, loro indirizzati per la buona tenuta, con encomi particolari alla Guardia Reale ed ai reggimenti coinvolti nello scontro di Ostrovno.

Dopo la ritirata di Barclay de Tolly Napoleone concesse un periodo di riposo alle sue truppe, già molto affaticate e provate per le rapide marce, la mancanza degli approvvigionamenti, i combattimenti e le scaramucce affrontate. Gli italiani trascorsero questo breve periodo di riposo accampati presso la cittadina di Souraj alla confluenza del fiume Casplia con la Dwina, località salubre e gradevole ove poterono ritemprarsi il morale mantenendo un'ottima disciplina e tenuta militare. Durante questo necessario periodo di riposo vi furono comunque limitate operazioni volte a procurare viveri, foraggi e raccogliere informazioni...in una di queste ordinata dal Viceré si distinse un distaccamento dei Dragoni Regina agli ordini del Colonnello Narboni che, inviato in ricognizione a nord di Souraj, s'imbatté in un convoglio russo scortato da un contingente di fanteria. Caricati da uno squadrone i russi si arresero ed il bottino conquistato dagli italiani fu cospicuo: 200 carri con orzo, farina, segala facendo prigionieri un ufficiale e quaranta soldati. Quello stesso giorno il comandante del 2° Cacciatori a Cavallo, il Colonnello Banco, con duecento uomini, si lanciò all'inseguimento di un altro convoglio russo diretto verso Velij sulla Dwina. Il convoglio russo aveva una forza di quattro battaglioni di fanteria e trecento soldati di cavalleria e, nonostante l'inferiorità numerica, il colonnello Banco lanciò la carica accolta però dalla violenta reazione di fucileria russa. Per cinque volte Banco fece reiterare la carica, sempre senza successo, finché quasi alla disperazione, in un estremo tentativo, i Cacciatori italiani colsero il successo facendo ben cinquecento prigionieri e impadronendosi di centocinquanta carri con viveri e munizioni, a prezzo però di una cinquantina di caduti italiani. A seguito di tale impresa il Colonnello Banco fu insignito del grado di Commendatore della Corona di Ferro. Nei giorni successivi, avendo il Viceré fatto occupare Velij dalla Brigata di Cavalleria italiana e da tre campagne di fanteria della

▲ La Grande armeè Nei dintorni di Viazma IL 28 agosto 1812. Dipinto dell'Adam
In the Environs of Viazma on 28 August 1812. Adam Albrecht -

▲ La battaglia di Bordino o della Moskowa in una stampa francese coeva.
The Battle of Moskowa/Bordino in a contemporary French print.

Divisione Pino, vi furono vari tentativi russi per scacciare gli italiani da quell'avamposto, ma furono sempre respinti. Mentre avvenivano questi fatti in terra russa, in Italia le Guardie d'Onore di Torino e di Firenze, con i Veliti della Guardia d'Onore di Piemonte e Toscana, intrapresero la lunga strada che li avrebbe portati a raggiungere la Grande Armata. Il 21 agosto Napoleone passò in rivista le truppe italiane dimostrando apprezzamento per il valore dimostrato in combattimento, decorando con il titolo di Cavaliere della Corona di Ferro molti ufficiali e soldati.

LA BATTAGLIA DI BORODINO

Ripresa la marcia verso Mosca, affrontando le ormai consuete difficoltà di vettovagliamento, le strade dissestate e pressoché inesistenti, le piogge e le calure spesso insopportabili, perdendo cavalli e uomini in quantità inattesa ed imprevedibile, la Grande Armata avanzava comunque ed il 5 settembre si trovava nei pressi della località di Borodino. Davanti alle truppe Napoleoniche i russi avevano fatto "terra bruciata" e la desolazione era ovunque, l'avanzata procedeva con tre forti colonne: quella di destra era comandata dal Principe Poniatowski, percorreva l'antica strada di Smolensk, diretta verso Jelinia; Napoleone avanzava al centro con la colonna più forte, sulla strada per Borodino; Eugenio era sul fianco sinistro col IV Corpo. All'alba del 7 settembre, dopo una notte piovosa trascorsa in apprensione temendo che l'armata russa si sottraesse ancora una volta ad una battaglia da tanto cercata, Napoleone diede le ultime disposizioni per lo scontro ritenuto imminente. I soldati indossarono la Grande Uniforme e ascoltarono il Proclama Imperiale letto loro dagli ufficiali, poi, alle 5,30 si schierarono secondo l'ordine di battaglia. Una batteria dell'Artiglieria della Guardia Imperiale diede il segnale dell'attacco, subito le fecero eco tutte le batterie d'artiglieria dell'Armata, cui risposero le batterie russe.

▲ Dragoni a cavallo del reggimento Napoleone della compagnia d'élite. Da uno schizzo di Quinto Cenni.
Dragoon on horse of Napoleon's regiment of the Elite Company. From a sketch by Quinto Cenni.

La grande battaglia di Borodino o della Moscova ebbe così inizio. I russi avevano avuto il tempo di fortificare le loro posizioni creando delle "ridotte" e da queste, fortemente munite d'artiglieria, cominciarono un violento fuoco contro le colonne in avvicinamento dell'armata napoleonica.

I primi reparti a prendere contatto con le linee russe furono le unità del V Corpo di Poniatowski e subito dopo da quelle del I Corpo di Davout con, di seguito il IV Corpo di Eugenio mentre il III Corpo di Ney e l'VIII di Gerolamo si integrano nella linea d'attacco appoggiandosi a destra a Davout ed a sinistra ad Eugenio. Murat nel frattempo schierò i suoi Corpi della Riserva di Cavalleria: Nansouty dietro Davout, Montbrun dietro la sinistra di Ney, Latour Moubourg di riserva al centro.

Il Principe Eugenio intanto aveva inviato compagnie di volteggiatori a scacciare i corrispettivi russi che si nascondevano nelle macchie di vegetazione che costellavano il terreno antistante la Grande Ridotta russa verso la quale stava sviluppandosi il movimento del IV Corpo. La prima brigata della Divisione Delzons occupò il villaggio di Borodino, la seconda Divisione con la Cavalleria Leggera del d'Ornano si schierò alla sinistra del villaggio, mentre le altre Divisioni furono scaglionate a seguire in modo da potersi dare vicendevole appoggio nel loro avvicinamento alla Ridotta principale.

▲ Cacciatore a cavallo in tenuta da campagna. Modello dell'autore.

Chasseur on horse in campaign dress. Author's model.

La Divisione della Guardia Reale italiana si posizionò sulla sinistra del fiume Kolocza, dietro la Divisione Morand. Non descriveremo in dettaglio tutta la battaglia di Borodino/La Moscova, ma ci limiteremo a notare gli episodi che ebbero come protagonisti i soldati del Regno d'Italia. Dopo sette ore circa dall'inizio dei combattimenti, mentre Eugenio si apprestava a fare intervenire la Guardia Reale, fino a quel momento tenuta in riserva, alla conquista della Grande Ridotta, fu informato dello svilupparsi di un forte attacco della cavalleria russa alla sua sinistra che, se avesse avuto successo, avrebbe potuto assalirlo alle spalle. Sospese perciò l'attacco della sua Guardia, ne mutò la destinazione e postosi alla sua testa di colonna, col suo Stato Maggiore, si precipitò a fronteggiare il nuovo pericolo. Infatti la cavalleria russa di Platov e Uvarov stava per soverchiare le batterie italiane quando fu affrontata dai quadrati della Guardia Reale che ne stroncarono lo slancio dando la possibilità ai Dragoni Regina ed alla Brigata di Cavalleria Leggera di Villata di effettuare un vivace contrattacco che obbligò le forze nemiche a d una veloce ritirata, subendo gravi perdite.

Questa brillante azione consentì a Napoleone, con la sicurezza delle retrovie, di sviluppare il suo organico attacco alle linee russe obbligando il nemico ad abbandonare una dopo l'altra le ridotte fortificate ed a cominciare lentamente a retrocedere.

▲ Il viceré Eugenio de Beauharnais. Tela di Johann Heinrich Richter

Gli italiani provarono comunque un vivo disappunto per non aver potuto partecipare più attivamente alla grande battaglia; infatti solo l'artiglieria partecipò al completo e con indubbia efficacia al conseguimento della vittoria finale, e così la cavalleria, benché in una sola occasione importante come abbiamo visto, mentre la fanteria non ebbe modo di brillare pur subendo delle perdite.

A tal riguardo vi è una dichiarazione del Generale Lechi: "...esposta al vivo fuoco delle artiglierie nemiche coll'arme al braccio, senza poter scaricare un fucile, ha sofferto la perdita di cinquanta uomini tra morti e feriti...". Apriamo qui una breve parentesi riguardante altre due unità di italiani che, inquadrati nell'esercito francese, diedero altissima prova di valore nella battaglia della Moscova/Borodino: si tratta del 111° Reggimento di Fanteria di Linea, composto quasi totalmente di Piemontesi (ricordiamo che il Piemonte era stato integrato alla Francia da Napoleone che ne aveva nominato Governatore il Principe Camillo Borghese, marito di Paolina Bonaparte).

L'altro reggimento in forza francese era il 61° di Fanteria di Linea, anche qui italiani provenienti dal Piemonte e dalla Toscana. Entrambi questi reggimenti, pur subendo gravi perdite espugnarono già all'inizio della grande battaglia alcune ridotte nemiche scacciandone i pur valorosi soldati russi che fino a poco prima li avevano bersagliati molto efficacemente, tanto che ben ventisei ufficiali su settantasette del 111° furono feriti ed alcuni uccisi.

Un altro corpo di italiani, di toscani in particolare, fu il 28° Cacciatori a Cavallo comandato dal Colonnello Quinto, un piemontese, ed anch'esso combatté valorosamente ed efficacemente in tutta la campagna di Russia. Per tutto il giorno la battaglia fu furiosa, ma al calare della notte i russi avevano dovuto abbandonare tutte le ridotte e indietreggiare pur combattendo accanitamente. Napoleone, pur

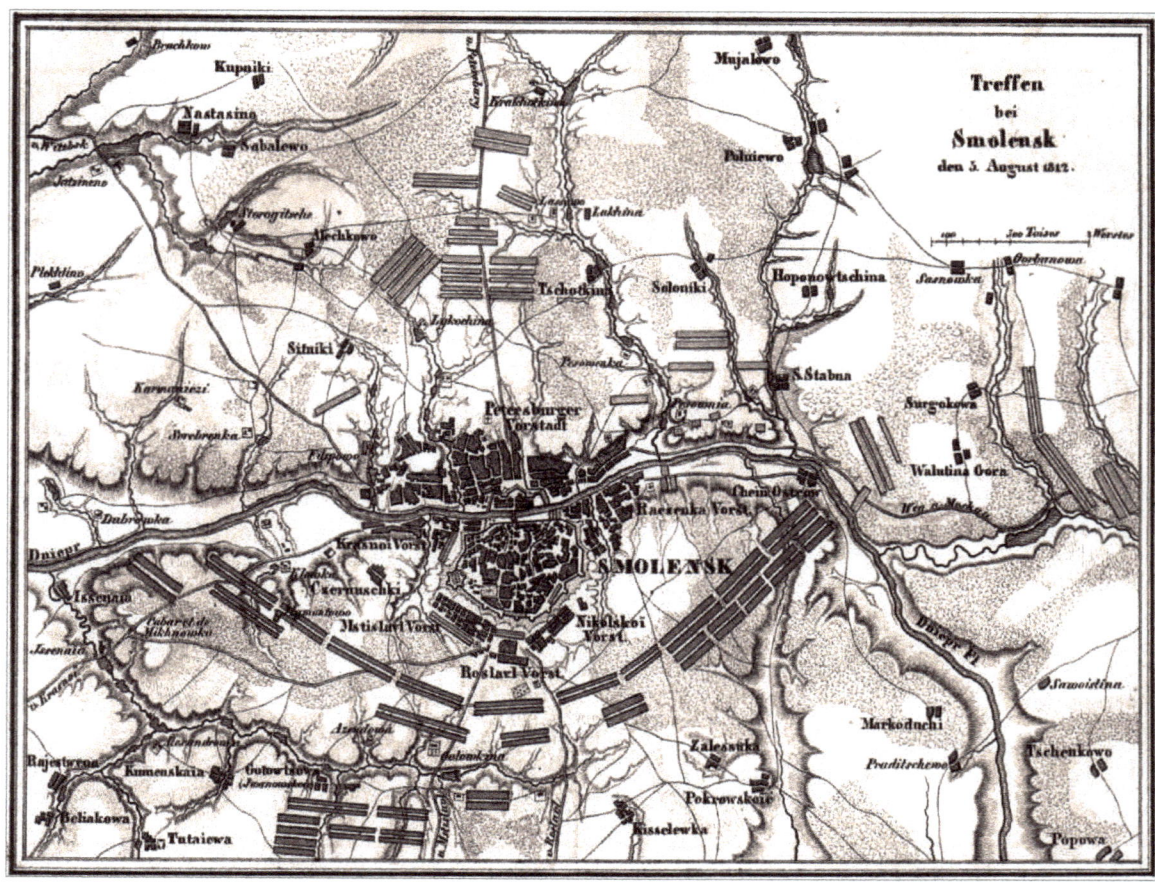

sollecitato più volte dai suoi Marescialli e da Murat, non seppe risolversi a far intervenire la Guardia Imperiale, che forse avrebbe potuto consentirgli di distruggere l'armata di Kutusov; in seguito l'Imperatore motivò questa sua decisione con la preoccupazione di ritrovarsi privo di riserve il giorno successivo, nel caso i russi contrattaccassero, e tale preoccupazione era plausibile visto che i russi si accamparono per la notte sulle posizioni occupate al cessare dei combattimenti.

Altrettanto fecero gli stanchi combattenti della Grande Armata, aspettandosi di dover riprendere quei feroci combattimenti il giorno seguente, ma Kutusov nella notte ordinò la ritirata del suo esercito e così all'alba del giorno 8 settembre Napoleone, con sollievo, si ritrovò padrone del campo di battaglia e, secondo le consuetudini della guerra, vittorioso!

La Divisione Pino, che doveva raggiungere il IV Corpo ed era rimasta indietro, giunse sul luogo della battaglia proprio in quel giorno, di primo mattino e benché avesse compiuto marce di quaranta chilometri al giorno dal 25 agosto, quando il Generale Pino ricevette gli ordini di raggiungere il IV Corpo e, pur essendosi messo immediatamente in marcia, non arrivò in tempo per partecipare a quell'epico combattimento. Le perdite della Grande Armata in quel solo giorno furono di 13.000 feriti e 9.000 morti...i russi persero 30.000 feriti, 15.000 morti e 2.000 prigionieri.

▲ Zappatore dei Dragoni in alta uniforme. Modello EMI per gentile concessione di Ivo Fossati.
Sapper of the Dragons in full dress. Model courtesy of EMI by Ivo Fossati.

◄ Mappa della battaglia di Smolensk del 5 Agosto 1812.
Map of battle of Smolensk , 5 august 1812.

L'ENTRATA A MOSCA

Ormai, avendo la via libera, la Grande Armata avanzò verso Mosca dove entrò il 15 settembre e Napoleone entrò al Cremino, ma già in quel momento in alcuni quartieri della città divampavano gli incendi ordinati dal Governatore di Mosca Rostopchine.

Nell'incendio, che durò parecchi giorni riducendo in cenere una città per la maggior parte costituita di edifici in legno, rischiò di perire un intero battaglione di Granatieri della Guardia Reale italiana che solo fortunosamente riuscì a mettersi in salvo.

Napoleone abbandonò il Cremlino il 16 settembre spostando il Quartier Generale al Palazzo Imperiale di Petrowskoie, nei pressi del quale era accampata la Divisione Pino che ne costituì il presidio fin quando fu sostituito dalla Guardia Imperiale.

LA TERRIBILE RITIRATA DI RUSSIA

Dopo vari e inutili tentativi di avviare trattative dirette con lo Zar Alessandro, Napoleone decise di abbandonare ciò che restava di Mosca e ordinò la ritirata, questa iniziò all'alba del 19 settembre. In questa data il IV Corpo del Principe Eugenio disponeva ancora di 23.963 uomini di fanteria e artiglieria a piedi, 1661 uomini di cavalleria e artiglieria a cavallo, 92 cannoni e 450 cassoni, fucine e carri d'artiglieria.

Il IV Corpo era ancora, in quel momento, l'unità più numerosa e ben organizzata dell'esercito imperiale non avendo avuto, a parte la battaglia della Moscova/Borodino, molte occasioni di scontrarsi con il nemico durante l'avanzata su Mosca.

La Grande Armata nel giorno del ripiegamento da Mosca poteva fare affidamento su circa 100.000 uomini...poco più di un quinto di quelli che avevano attraversato il Niemen il 22 giugno!

La Fanteria sembrava ancora efficiente e ben organizzata, ma la Cavalleria e l'Artiglieria apparivano molto meno affidabili, facendo eccezione i reparti della Guardia Imperiale e di quella Reale italiana ancora ben strutturati. L'Armata aveva inoltre al seguito una gran massa di carri, calessi, cassoni occupati dal bottino fatto da Generali, ufficiali e semplici soldati che ne appesantivano e rallentavano la marcia; a tutto ciò si aggiungano i feriti e i malati e, ancora, moltissime carrozze ,e carri, di cittadini e commercianti stranieri che abbandonavano Mosca cercando la protezione della Grande Armata.

Napoleone ordinò al Viceré di prendere col suo IV Corpo la posizione d'avanguardia, il I Corpo di Davout avrebbe seguito e in coda la Guardia Imperiale. Il Maresciallo Ney, col III Corpo, la Divisione Claparede e alcuni corpi di Cavalleria Leggera avrebbe dovuto condurre movimenti di "schermatura" atti a confondere il nemico sulla direzione reale presa dalla Grande Armata; in seguito si sarebbe riunito al grosso dell'Armata a Malo-Iaroslavetz.

Questa cittadina fu raggiunta per prima dalla 13a Divisione, il Generale Delzons la fece presidiare da due battaglioni mentre egli con i rimanenti tre pose l'accampamento nella piccola valle sottostante l'abitato. Nella notte quattro Reggimenti di Cacciatori russi sorpresero le sentinelle ed i due battaglioni a presidio della cittadina obbligandoli a ritirarsi nella valle ove era accampato il resto della Divisione. Il Generale Delzons, messo in allarme dal rumore proveniente dall'abitato in alto, aveva allertato le sue truppe e cercato di dare sostegno e riordinare i battaglioni che si erano ritirati precipitosamente e disordinatamente.

Un Soldato della Guardia reale che vicino a morte consegna al suo amico la decorazione perchè non cada nelle mani dei Russi.

▲ La terribile ritirata di Russia nel 1812 Da Storia dell armi italiane dal 1796 al 1814.

The terrible retreat from Russia in 1812 from "Storia dell armi italiane dal 1796 al 1814."

▲ Soldati della cavalleria e della fanteria del Regno d'Italia, da una stampa del Marbot.

Soldiers of the cavalry and infantry of the Kingdom of Italy, by a print by Marbot.

▲ La Grand Armeè nei dintorni di Mosca il 14 settembre 1812. Dipinto dell'Adam
In the Environs of Moscow on 14 September 1812 by Adam Albrecht

L'attacco così proditorio dei russi era stato sferrato dal Generale Doktorov che ora, approfittando dello scompiglio tra le file francesi, guarnite di artiglierie le alture ai lati della città, batteva efficacemente le truppe di Delzons nella valletta sottostante cercando di impedire il contrattacco.

Il Principe Eugenio, scortato dai Dragoni della Guardia Reale e dai Dragoni Regina, stava apprestandosi a raggiungere l'avanguardia di Delzons quando fu informato di quanto fosse grave la situazione della 13a Divisione, pertanto ordinò alle sue Divisioni di affrettarsi verso il "rombo dei cannoni" ed egli, col suo Stato Maggiore e coi Dragoni le precedette al galoppo.

Nel frattempo Kutusov aveva raggiunto con le sue truppe Doktorov, schierando le sue colonne in ordine di battaglia. Delzons che si trovava in una situazione drammatica stava cercando di fronteggiare le forze preponderanti nemiche quando fu ucciso e, accanto a lui, cercando di soccorrerlo, morì anche il fratello,

◄ ▲ La terribile ritirata dalla Russia dell''armata napoleonica nel 1812. Dipinto dell'Adam

Napoleon retreat from Russia 1812 by Adam Albrecht

suo aiutante di campo. Il Principe Eugenio intanto sopraggiunto diede disposizioni alle truppe che stavano resistendo e poco dopo fu raggiunto dalla Divisione Pino e dalla 14a Divisione del Generale Broussier che precedevano la Guardia Reale, la quale accorreva a passo di corsa. Il Viceré, consapevole della sua grave inferiorità numerica, fece sfruttare ai suoi uomini tutte le possibilità di difesa, quali case e muretti, per trincerarsi e, appena raggiunto dal Generale Pino ordinò alla sua Divisione di muovere all'attacco, mentre la Guardia Reale e la cavalleria leggera di Villata e d'Ornano restavano di riserva nella valle presso il fiume Lougia, al riparo dal fuoco russo.

La battaglia nel frattempo aveva alterne vicende, appena gli italiani riuscivano a scacciare i russi dalle prime case di Malo-Iaroslavetz ecco che questi forti della preponderanza numerica tornavano all'attacco e le sorti si rovesciavano.

Le forze di Eugenio, esposte al fuoco delle batterie russe, subivano forti perdite, finché l'intervento delle batterie della Guardia Reale, ben posizionate, svolsero un efficace fuoco di controbatteria appoggiando al meglio la Divisione Pino che lottava strenuamente tra le prime case della città contesa. Lo stesso Generale Pino fu ferito mentre guidava all'attacco i suoi uomini, e dovette cedere il comando, che fu assunto dal Colonnello Garimberti. Napoleone, appena informato della battaglia che stava affrontando la sua avanguardia, mandò l'ordine ad Eugenio: *"...tenere ad ogni costo... Malo-Iaroslavetz"*, almeno fino al suo arrivo con i rinforzi.

Nel frattempo Kutusov riunì tutte le sue truppe per l' attacco finale ma l'Imperatore era ormai prossimo. Durante la battaglia un episodio collaterale riguardò i Dragoni della Guardia Reale che, nel mezzo di un attacco ai carriaggi del IV Corpo portato da una sortita di Cosacchi guidati dal figlio del Generale Platov, li dispersero uccidendolo. Verso sera, ormai giunto Napoleone coi rinforzi, fu stroncato un ultimo tentativo di Kutusov di impadronirsi della città, cosicché il Generalissimo russo desistette e ordinò alle sue truppe il ripiegamento, effettuato continuando comunque a combattere vigorosamente. Abbandonata Malo-Iaroslavetz ridotta ad un cumulo di macerie fumanti l'armata

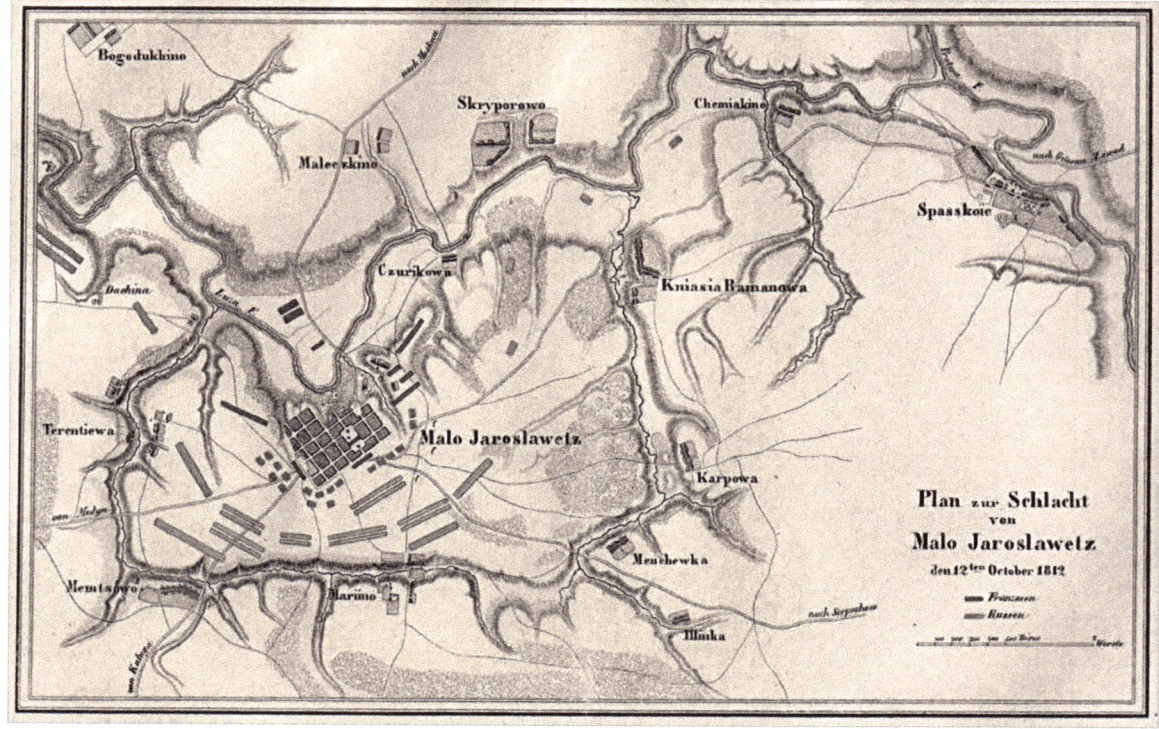

▲ Mappa della battaglia di Malo-Iaroslavetz del 12 Ottobre 1812.
Map of the Battle of Malo-Iaroslavetz , 12th October 1812

russa si accampò sulla strada di Kalouga, a circa cinque chilometri a sud della città devastata.
In riferimento agli innumerevoli episodi di valore compiuti dagli italiani durante quella giornata il Generale russo Bennigsen scrisse: *"...la Guardia Reale italiana fu particolarmente impegnata in questo macello, ed essa perdette la più gran parte della sua gente...la città fu presa e ripresa undici volte durante la giornata...".* Napoleone dispose che a seguito del loro comportamento al fuoco i due battaglioni di Coscritti della Guardia Reale da quel giorno fossero denominati "Cacciatori della Guardia Reale Italiana".
Questa giornata del 24 ottobre costò alla Grande Armata la perdita di 5.000 uomini tra morti e feriti, ai russi altrettanti e tra essi anche il Generale Dorokov. Il Generale Rapp, Aiutante di Campo di Napoleone, scrisse nelle sue memorie: " Le truppe italiane si coprirono di gloria. E' questa una giornata che l'Armata d'Italia deve inscrivere nei suoi fasti.".
Questo innegabile successo dell'esercito napoleonico non fu tuttavia sufficiente ad obbligare Kutusov ad abbandonare lo sbarramento della strada verso Kalouga e verso terre più fertili e dal clima migliore, direzione che avrebbe voluto prendere Napoleone nella ritirata. Persistere in quella direzione avrebbe significato una nuova battaglia e i suoi Marescialli, prospettandogli le già precarie condizioni della Grande Armata, riuscirono a dissuaderlo; ciò significò però ritrovarsi a percorrere territori già sfruttati, più sterili e, con l'avanzare della stagione, sicuramente più inospitali; infatti già il 27 ottobre il termometro scese a quattro gradi sotto lo zero!
Così la ritirata si portò in direzione di Borovsk secondo il seguente ordine di marcia: per prima la Guardia Imperiale, poi Murat con ciò che restava della Riserva di Cavalleria, quindi Ney col III Corpo, Eugenio col IV e, in retroguardia, il I Corpo di Davout a proteggere la ritirata.
Kutusov, a sua volta male informato sulla direzione presa dalla Grande Armata, temendo una manovra diversiva di Napoleone per poi sferrare un attacco di sorpresa sulla strada di Kalouga, mantenne la sua posizione. Impressionato dall'alto numero dei malati e feriti, Napoleone ordinò che ogni vettura, carro, carrozza al seguito dell'esercito prendesse a bordo un ferito ed i medici e chirurghi della Casa Imperiale

furono incaricati di sovrintendere su tale convoglio con la massima cura ed attenzione.

Così, dopo Malo-Iaroslavetz, cominciò veramente la drammatica, terribile e tragica ritirata della Grande Armata! Il 30 ottobre fu riattraversato il campo di battaglia di Borodino, spettacolo orribile ancora ricoperto di caduti insepolti!

Di questa ritirata si è già scritto tantissimo perciò ci limiteremo ad accennare allo scontro di Viazma del 3 novembre che vide coinvolti gli italiani in soccorso del I Corpo attaccato violentemente, mentre anche il Corpo di Ney doveva affrontare ingenti forze di cavalleria russe. Il Viceré mandò in sostegno di Ney i suoi reggimenti di cavalleria italiani, polacchi e bavaresi che fecero varie cariche di contenimento, in una di queste cadde il Colonnello Banco, comandante del 2° Reggimento Cacciatori a Cavallo italiano. Ben 7.000 uomini, dei quali 2.000 prigionieri, furono le perdite per i corpi napoleonici coinvolti in questo scontro; i russi ebbero circa 1.000 caduti e un migliaio di feriti.

Il Viceré raggiunse Smolensk il 14 novembre con la Guardia Reale e la Cavalleria, quella restante, del IV

▲ Il viceré Eugenio de Beauharnais. stampa coeva.
The viceroy Eugenè de Beauharnais in a contemporary print

Corpo, mentre le divisioni 13a, 14a e 15a si attestarono sulle alture intorno alla strada per Pietroburgo per poi entrare in città la sera.

A Smolensk la Grande Armata aveva non più di 50.000 uomini ancora in armi e disciplinati, mentre un'immensa folla di sbandati e disperati si trascinava al seguito.

Presso Krasnoi i russi sbarrarono il passo al Viceré intimandogli la resa che fu sdegnosamente rifiutata, poi Eugenio tentò di sfondare le linee nemiche, ma senza successo, schierata al centro quel che restava della Guardia Reale, i resti della Divisione Delzons a destra della strada, la Divisione Broussier a sinistra, la Divisione Pino di riserva, mosse risolutamente all'attacco mentre d'Ornano dava appoggio con i pochi cacciatori a cavallo ancora montati.

Fu respinto e anche un disperato tentativo di 200 volontari condotti da Del Fante che tentarono l'impossibile, fallendo. I Russi tornarono ad intimare la resa, di nuovo sdegnosamente rifiutata, e nel frattempo scese la notte; allora in un tentativo disperato Eugenio riuscì ad attraversare col suo Corpo in un'unica colonna, in assoluto silenzio tra i corpi accampati dei russi.

Ciò fu possibile con l'ausilio di un ufficiale polacco, il Colonnello Klusky, parlante perfettamente

▲ La disastrosa ritirata di Russia. Stampa contemporanea. Collezione privata
The disastrous retreat from Russia. Contemporary print. private Collection

il russo, che precedendo la colonna riuscì ad ingannare le sentinelle russe facendo credere ad uno spostamento di soldati russi nello schieramento in vista della ripresa dei combattimenti la mattina successiva.

Lo stratagemma incredibilmente riuscì e Napoleone accolse con gioia il suo figlio adottivo che già considerava prigioniero. Il 17 novembre ciò che restava della Grande Armata raggiunse Liadovi e qui Napoleone dispose la formazione di quello che drammaticamente chiamerà "Lo Squadrone Sacro", composto dai pochi uomini, ufficiali e soldati, che erano ancora sono montati; questo Squadrone fu organizzato su quattro compagnie di 150 uomini ciascuna e, tra questi vi erano anche alcuni italiani del 28° Cacciatori a Cavallo. La marcia proseguì. Intanto Ney, rimasto alla retroguardia coi resti del suo Corpo, dopo aver perso il contatto col resto dell'esercito imperiale, riuscì avventurosamente a ricongiungersi con l'armata disperata che stava dirigendosi verso il fiume Beresina.

L'esercito del Regno d'Italia lo attraversò nella notte tra il 27 ed il 28 novembre: passò il Viceré col suo Stato Maggiore, seguito dalla Guardia Reale ridotta a 500 uomini, poi dopo venti minuti circa passarono la 13a e la 14a Divisione, infine la Divisione Pino.

I ponti sulla Beresina restarono praticamente vuoti nella notte dal 27 al 28 novembre, ma la gran massa di sbandati non ne approfittò, rimanendo come inebetita sulla sponda del fiume e solo quando apparvero i russi e le loro artiglierie tutti questi sbandati terrorizzati si precipitarono ai ponti ostruendoli ed intasandoli fino a notte , impedendo al Corpo del Maresciallo Victor, avanzato in soccorso della Grande Armata, di utilizzarli obbligandolo ad un combattimento disperato contro i russi del Generale Wittgenstein che, con le sue artiglierie, stava facendo strage dei fuggiaschi.

Dopo aspri combattimenti Victor riuscì a far ripiegare il Generale russo e, giunta la notte, a riattraversare il fiume mettendosi in salvo sull'altra sponda.

▲ L'armata d'Italia si ritira dalla Russia. Stampa dell'Adam - *The Italian Army retreats from Russia. Print of Adam*

▼ Dragoni e cacciatori a cavallo stampa del tempo, collezione privata.
Dragons and chasseurs on horse, contemporary print, private collection.

▲ ▼ Scene della Grande Armée in Russia. Stampe dell'Adam
Scenes of the Grande Armée in Russia. prints of Adam

Quando il 29 novembre, al mattino, il Generale Eblè in esecuzione degli ordini dell'Imperatore dispose la distruzione dei ponti, ancora moltissimi sbandati stazionavano sulla sponda opposta e, alla vista del fuoco appiccato ai ponti, si precipitarono in massa per attraversarli.

Gran parte di questi disperati perirono tra le fiamme o rovinando nel fiume, tra i ghiacci trascinati dalla corrente impetuosa.

I resti dell'Armata d'Italia ripresero la ritirata il 29 novembre, dirigendosi verso Wilna, formando l'avanguardia con il Corpo di Davout, seguito da Napoleone e la Guardia Imperiale, quindi Victor e in retroguardia il Corpo di Ney. I russi naturalmente inseguirono, fiancheggiarono e, con i cosacchi, tormentarono incessantemente quelle misere colonne di uomini disperati, si pensi che il IV Corpo di Eugenio con gli italiani fosse ormai ridotto a circa 600 combattenti validi! La colonna condotta da Eugenio raggiunse Smorgoni il 5 dicembre al mattino, seguita nel pomeriggio da Napoleone ed il suo Quartier Generale.

Fu qui che l'Imperatore annunciò al suo Stato Maggiore la sua partenza per Parigi, per organizzare una nuova armata e per riprendere saldamente in mano la situazione nella Capitale dopo il tentativo, fallito, di colpo di stato tentato dal Generale Malet.

Così Napoleone, affidato il comando dei miseri resti della Grande Armata al Re di Napoli, salito su una slitta, accompagnato da Coulaincourt si diresse verso Wilna e da qui, attraverso la Polonia prima, gli Stati germanici poi, raggiunse Parigi.

La Campagna di Russia con la partenza di Napoleone può considerarsi conclusa, benché ancora i resti della Grande Armata ebbero da affrontare immense sofferenze; abbandonati poi anche dal Re di Napoli, ansioso a sua volta per le sorti del suo Regno, il comando passò al Principe Eugenio che ricondusse i superstiti fino in Prussia, a Marienverder, ove giunsero il 28 dicembre 1812.

A Marienverder il Viceré riordinò i superstiti dei differenti Corpi e fece fare l'appello dei presenti sotto le armi: alla partenza per la Russia il IV Corpo aveva una forza di 52.000 uomini, tra francesi, italiani e bavaresi; a Marienverder risposero all'appello 207 ufficiali e 2.637 sottufficiali e soldati !

▲ Sopra elmo da ufficiale dei Dragoni detto "alla Minerva" e sotto Elmo Da dragone semplice dai modelli conservati al Museo del Risorgimento di Milano

Dragoon Officer's helmet known as "Minerva", and below simple dragoon helmet from the originals preserved at the Museum of the Risorgimento in Milan.

▲ Cacciatore a cavallo e tromba delle Guardie d'onore in alta uniforme. Collezione Viskuezzen
Chasseur at horse and trumpet of Guard of Honor in high uniforms. Collection Viskuezzen

FIGURE DI UFFICIALI E CAVALIERI DEL REGNO ITALICO

Banco Antonio (1773-1812). Di origine italiana, Antonio ha la ventura di nascere in Polonia, a quindici anni però lo troviamo già tenente in un reggimento di Usseri austriaco, col quale combattè nel 1789 contro la Turchia, rimanendo ferito. Nel 1794 decide di lasciare l'armata imperiale e si arruola nell'esercito francese, nelle file dei Cacciatori Corsi. Durante questo periodo, durante uno scontro, veniva catturato austriaci, ma evadeva e si arruolava su una nave corsara francese. Nel 1797, a 24 anni finalmente per la prima volta entra in un'unità italiana e si arruola nella Legione Lombarda. Qui la sua scalata nell'ambito del reparto è velocissima. Diventa prima caporale, poi sergente, sottotenente e nel 1799, sul campo di battaglia di Verona, dove rimaneva ferito venne promosso tenente. Durante l'assedio di Ancona otteneva il grado di capitano e nel 1800 era nominato aiutante di campo del generale Pino. Il 25 marzo 1805 raggiunge il grado di capo squadrone nei Cacciatori Reali e partecipava alla guerra di quell'anno. Il 21 maggio 1807 il viceré Eugenio gli concesse alto onore di assumerlo come proprio aiutante di campo. Nel 1808, è la volta della Spagna, dove questo indomito esempio di cavaliere

è posto al comando di tre squadroni di cavalleria della divisione Lechi, dove ottiene encomi e apprezzamenti unanimi. Nella campagna di Russia, promosso colonnello comandante del 2° Cacciatori a cavallo italiani compì alte gesta di valore, rimanendo ucciso in combattimento a Vyazma il 3 novembre 1812.

Quando morì, oltre al grado di colonnello egli era già commendatore della Corona Ferrea, cavaliere della Legion d'Onore e barone dell'Impero.

ERCULEI Ercolano (1778-1838).

Nasce a Otricoli in provincia di Terni. Arruolatosi nelle milizie napoleoniche, scelse l'arma di cavalleria e visto la prorompente forza fisica finisce nei dragoni. Con il reggimento dragoni Napoleone Erculei si fece tutte le campagne di Spagna, segnalandosi specialmente nella battaglia di Lins e alla difesa di Tarrega. Per meriti operativi giunse presto ad alti gradi del suo reggimento e nel 1810 fu promosso capo squadrone. Più tardi, nel 1812 diviene colonnello del 4°reggimento cacciatori di cui fu in un certo senso creatore e istruttore. Con il 4° cacciatori compie tutte le campagne

Banco
Colonnello dei Cacciatori
ed ajutante di campo del principe Eugenio
nato nel 1773 a Vichdigstia in Polonia, morto a Vinama il 3 Novembre 1812.

▲Ritratto del colonnello dei cacciatori a cavallo Antonio Banco (1773-1812). Dal volume Storia dell'armi italiane dal 1796 al 1814.

Portrait of colonel of the chasseur on horse Antonio Banco (1773-1812). From "Storia delle armi italiane dal 1796 al 1814."

▲ Ritratto di Ugo Foscolo nel 1813, di François-Xavier-Pascal Fabre conservato presso la Biblioteca Nazionale di Firenze.

Portrait of Ugo Foscolo in 1813, by François-Xavier-Pascal Fabre preserved in the Biblioteca Nazionale in Florence.

di Germania del 1813 e, ritornato in Italia, lo guida nella successiva campagna del 1814. Nella battaglia di Roverbe del 8 febbraio si rende protagonista di una epica carica che cacciò gli Austriaci verso il ponte di Borghetto sul Mincio inseguendoli sino a Valeggio. Napoleone lo insignì per questo e altri meriti della decorazione di ufficiale della Legion d'Onore e della commenda della Corona di Ferro. Finita la guerra è fra i militari che vogliono continuare la carriere militare e finisce quindi nell'armata austriaca. Poco dopo tuttavia si ritirò a vita privata a Roma, dove il Governo pontificio gli riconobbe il diritto a pensione a carico dello Stato corrispondente al suo grado. Lo ricorda una magniloquente epigrafe nel cimitero di Terni. Ebbe un fratello: Ippolito pure lui impegnato con l'avventura militare col grado di capitano di fanteria nell'esercito napoleonico.

Ugo Foscolo (1778-1827) , il sommo poeta italiano, fu come molti sapranno anche un militare al servizio delle truppe napoleoniche fino alla caduta del regno d'Italia. Provò tutte le armi: fanteria e cavalleria.

Egli iniziò il mestiere delle armi arruolandosi nella Guardia Nazionale combattendo con le truppe francesi fino alla battaglia di Marengo. Ferito nella battaglia di Cento, venne arrestato durante la fuga e liberato a Modena dalle truppe di MacDonald partecipando in seguito alla battaglia della Trebbia e alla difesa di Genova. Fu in quel periodo che ripubblicò l'ode A Bonaparte liberatore aggiungendovi una premessa nella quale esortava Napoleone a non diventare un tiranno. Con le fortune per la bandiere napoleoniche gli vennero dati numerosi incarichi militari. Tuttavia il 23 luglio 1801, dopo essersi più volte lamentato perché non riceveva regolarmente la paga militare, inviò al Ministro una lettera nella quale presentava le dimissioni, che però non furono accolte. In compenso ottenne la paga di capitano aggiunto, passando in tal modo ufficialmente al servizio della Repubblica Italiana.

Più tardi ritorna in Francia dove, nel 1804 nominato capitano di fanteria, ottenne di seguire l'armata anti-inglese rimanendo con il suo reggimento fino al 1806 prima di fare ritorno in Italia. Qui il capitano Ugo Foscolo, per ingraziarsi il generale Augusto Caffarelli, aiutante di campo di Napoleone e ministro della

▲ Ritratto del maggiore dei Cacciatori a cavallo Giacinto Lonati (1772-1825). Dal volume Storia delle armi italiane dal 1796 al 1814.

Portrait of Major of Chasseur on horse, Giacinto Lonati (1772-1825). From "Storia delle armi italiane dal 1796 al 1814."

Guerra del Regno d'Italia curò un'edizione speciale delle opere di Raimondo Montecuccoli, con una ricca premessa sull'arte della guerra. L'opera si inserisce anche in una polemica con Madame de Staël sull'attitudine militare degli italiani. Sospese quindi per qualche anno l'impegno militare, ripreso però dopo la sconfitta di Napoleone Bonaparte a Lipsia, nel novembre del 1813, sempre con il suo grado nell'esercito per difendere il Regno Italico, ma con l'arrivo in città degli Austriaci nel 1814 egli capì che il sogno di un'Italia unita era cosa vana. Ebbe un momento di esitazione quando il governatore austriaco feldmaresciallo Bellegarde gli offrì di collaborare con il nuovo governo. Foscolo sulle prime accettò, ma venuto a conoscenza che occorreva l'obbligo di giuramento di fedeltà al nuovo regime decise di fuggire dall'Italia nel marzo del 1815 riparando in Svizzera.

Giacinto Lonati (1772-1825) Nacque in Milano, adulto si arruola nella Legione Campana, dove si distinse in alcuni episodi militari che gli favorirono la carriera, divenendo tenente nel 1° reggimento dei cacciatori a cavallo della repubblica napoletana.

Esigenze belliche portarono il suo reparto nel nord Italia, impegnandolo contro le truppe austro-russe del Suvorov. I francesi sconfitti ripiegarono oltre le Alpi, e con esse anche quelle truppe italiane alleate fra cui il Lonati. Al suo rientro in Italia lo vediamo schierato stavolta, col grado di

▲ Cacciatore a cavallo italiano, modello realizzato da V.Rocco.
Italian Chasseur on horse, model made by Valter Rocco.

capitano nei Dragoni Napoleone. Con questo reggimento, egli ebbe partecipa a numerose gloriose campagne: nel regno di Napoli sotto Massena, poi in Germania e più tardi nella tribolata campagna di Spagna. Qui si distinse particolarmente nella battaglia di Vique del 20 febbraio 1810.

In ricompensa del suo eroismo in quella battaglia, Lonati fu alfine decorato della legion d'onore. Gli venne anche concesso più tardi l'onore di essere incorporato nelle schiere della Guardia reale fra le Guardie d'Onore, poco prima di essere inviato nella difficile campagna di Russia con l'incarico di capo-squadrone di un reggimento di Cacciatori a cavallo.

Tornato vivo dalla Russia nel successivo 1814 (27 aprile) divenne maggiore. Non si segnalò particolarmente nei mesi successivi e alla caduta del regno, come altri si arruolò nelle fila del ex nemico austriaco fino a diventare tenente-colonnello prima di andare in pensione. Lonati cessò di vivere il 25 maggio 1825.

LE TAVOLE -THE PLATES

TAV. A: 4° CACCIATORI A CAVALLO (1813)

1- Capo squadrone con uniforme fuori ordinanza. Verso la fine del regno gli ufficiali dei reggimenti di cavalleria rispolverano *dolman* e *pelisse* alla ussara che tanto successo riscuotevano in società e con le donne in particolare...

1. Ordinary Nurses in full dress wearing regimental Shakò. The Central plaque with the number 1st company is a hypothesis as we do not have accurate sources. Light infantry dress which should be noted the rear white lapels (grey iron in colour according to the regulation of 1811)

2 – trombettiere del 4° cacciatori a cavallo che indossa la classica uniforme con i colori invertiti riservata ai musicanti e trombe di ogni reggimento italico.

TAV. B: GUARDIE D'ONORE COMPAGNIA DI MILANO 1805-06

1- Guardia d'Onore a cavallo in gran tenuta maggio 1805. La prima uniforme delle guardie d'Onore di Milano era completamente bianca con filettature, bottoni, cordelline e spalline giallo oro o metallo giallo.

2- Guardia d'Onore a piedi in gran tenuta tra le principali differenze con le truppe montate vi era l'abbandono degli stivali alti, al suo posto venivano indossate ghette corte bianche. Anche l'armamento variava e le truppe appiedate erano armate come la fanteria con un moschetto lungo da dragoni.

3- Guardia d'Onore a cavallo in gran tenuta giugno 1805. Dalla metà dell'anno ogni compagnia delle Guardie D'Onore cambiò uniforme. Quelli della Milano sostituirono il bianco con il rosso e il colore distintivo con il blu.

TAV. C: 1° REGGIMENTO USSARI 1803-1804

1- Ussaro in gran tenuta La cavalleria italica fu all'inizio basata solo sulle specialità leggere, vale a dire ussari e cacciatori a cavallo. Così quando nel 1805, per esigenze operative il Regno si dotò anche di cavalleria pesante, i preesistenti reggimenti di ussari vennero trasformati in dragoni. Nel caso del 1° reggimento esso divenne il Reggimento Dragoni Regina.

TAV. D: 1° CACCIATORI A CAVALLO 1806-1807

1- Cacciatore in bassa tenuta con il surtout ad un petto e berretto da fatica. Notare le mostre a tre punte sul colletto.

2- cacciatore a cavallo in uniforme mista. Il nostro cacciatore del Real Italiano porta la *chapska* polacca tipica di questo reggimento che solo nel 1810 la sostituirà con lo shakò.
Porta l'abito da alta uniforme con alamari ma indossa contemporaneamente pantaloni da campagna con rinforzi in pelle e bande abbottonate.

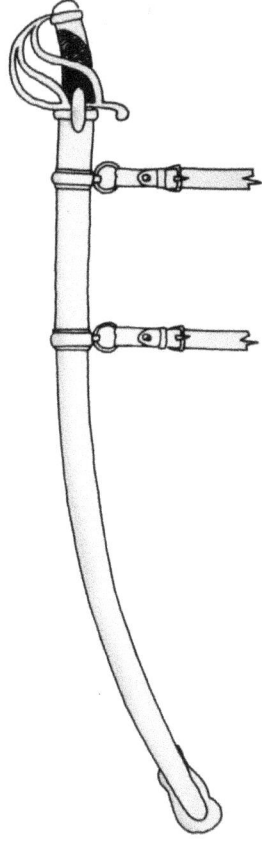

▲ Sciabola da cacciatore a cavallo modello anno IX

Sword of chasseur on horse, year IX model.

▲ Moschettone da cavalleria a pietra focaia, manifattura bresciana. Modello del Museo Naz. d'artiglieria di Torino.
Carabiner cavalry flintlock, manufacturing in Brescia. Model of the National Museum of Artillery in Turin.

3- **Sottufficiale cacciatori in tenuta ordinaria.** Anche questo militare indossa una tenuta mista. Con il berretto a lancia sciolta ricadente sulle spalle. Notate in gradi a V poste sull'avambraccio.

TAV. E: 1° CACCIATORI A CAVALLO 1811
1- **Cacciatore delle compagnie di centro** notare l'adozione avvenuta dello shakò, qui portato in alta uniforme con pennacchio. Segnaliamo gli alamari bianchi posti oltre che sul petto anche su collo e paramani.

2- **Bandiera della Legione Lombarda dei cacciatori a cavallo.** La legione Lombarda insieme a quella cispadana furono le prime formazioni militari italiane a formare reparti ci cacciatori a cavallo italiani durante il periodo napoleonico.

TAV. F: IL 4° REGGIMENTO CACCIATORI A CAVALLO 1813
1- **Maresciallo della compagnia di élite.** Il 4° reggimento Cacciatori a cavallo fu l'ultimo ad essere organizzato. Esso nacque nel 1811 e adottò la medesima uniforme degli altri reggimenti adottando il colore distintivo vinaccia o "lie de vin" come dicevano i francesi.

2- **Sottufficiale anziano, portastendardo** a cui era affidato l'onorevole compito di portare la bandiera. Le bandiere di Cavalleria misuravano cm 60 per lato. L'aquila e l'asta erano identiche a quelle della Fanteria; in più l'asta recava un cursore metallico con anello per l'aggancio al budriere dell'Alfiere. Ogni squadrone aveva la sua bandiera.

3- **Capo squadrone,** questo ufficiale è rappresentato con la tenuta fuori ordinanza, con il *dolman* indossato alla ussara e shakò alto sempre del tipo alla ussara durante la campagna di Germania del 1813, dove il reggimento venne inviato, integrato nella brigata Zucchi a sua volta inquadrata nella 35° divisione del generale Granier.

4- **Trombettiere della compagnia di centro,** come da regolamento possiamo notare i colori invertiti all'abito, la pelliccia di montone nero e il cavallo bianco riservato appunto alle trombe del reggimento.

TAV. G: 3° REGGIMENTO CACCIATORI A CAVALLO 1812
1- **Ufficiale superiore in alta uniforme,** raffigurato con la divisa del 1812. La presenza del colbacco fa pensare si tratti di un ufficiale delle compagnie d'élite. Notare la ricca bardatura e gli elaborati finimenti del cavallo.

2- **Recto dello stendardo dei Cacciatori,** ricostruzione grafica dell'autore della bandiera appartenente al 3° Reggimento Cacciatori denominato Principe Reale. Fonte di partenza l'esemplare conservato al Museo del Risorgimento di Milano.

3- Verso dello stendardo dei Cacciatori, sul quale è ben visibile l'aquila coronata con al centro una stilizzazione della corona ferrea posta a sua volta sopra la N imperiale.

TAV. H: CACCIATORI A CAVALLO 1811-1813

1- Maresciallo d'alloggio 1813, del 4° reggimento in tenuta ordinaria con il colbacco della compagnia d'elitè. Notare cinturino e bandoliera in cuoio nero. Disegno elaborato da documento contemporaneo).

2- Ufficiale in tenuta da campagna, ricostruzione dell'autore sulla base del manoscritto di Freiberg. In questo caso si tratta di un ufficiale del 4° Reggimento di stanza in Germania nel 1813.

3- Trombettiere in alta uniforme, del 1° Reggimento. Ricostruzione dell'autore dal manoscritto del campo di Dresda del 1813.

4- Cacciatore della compagnia d'élite, in alta uniforme. Soggetto appartenente al 2° Reggimento Cacciatori. Notare il piatto in metallo giallo e frangia bianca della spallina.

TAV. I: 1° CACCIATORI A CAVALLO REAL ITALIANO

1- Trombetta in alta uniforme, principale caratteristica del Reggimento era l'uso dalla *chapska* al posto dello shakò, che comunque verrà introdotto verso il 1810.

2- Capo squadrone in alta uniforme, ricostruzione dell'autore basata su immagini del gruppo di ricostruzione storica che porta lo stesso nome. Notare la gualdrappa con la pelle di leopardo e i finimenti e guarnizioni alla ussara sull'animale.

TAV. K: DRAGONI E CACCIATORI 1809-1812

1- Zappatore dei Dragoni Napoleone in alta uniforme nel 1809, con indosso il tipico grembiule pesante in pella biancastra. Sulle spalle il segno di riconoscimento della specialità le due asce bianche incrociate.

2- Zappatore dei Cacciatori a cavallo, si tratta di un individuo del 3° Reggimento in tenuta da campagna nel 1812. Da notare la lancia con la banderuola riservata appunto agli zappatori. Notare anche i moschettieri (paraguanti) in pelle nera.

3- Dragone della Guardia reale, in alta uniforme nel 1809. I dragoni della Guardia ebbero sempre in dotazione l'abito lungo che invece i dragoni di linea smetteranno negli ultimi anni del regno in luogo della pratica Kurta alla polacca.

TAV. L: I DRAGONI ITALICI A WAGRAM 6 LUGLIO 1809

1- Trombettiere della compagnia d'élite impegnato nella famosa carica dei Dragoni Regina a Wagram. Notare il Berrettone grande di pelo nero riservato a questa compagnia.

2- Corazziere austriaco.

▲ Medaglia dell'ordine della Corona di Ferro, del Regno d'Italia.

Medal of the Order of the " Corona ferrea" (Iron Crown), of the the Kingdom of Italy.

Typ. Ernest Meyer, à Paris

▲ Guardia d'Onore di Torino allora appartenente di fatto all'Impero, pur trattandosi sempre di soldati italiani. Stampa francese del XIX secolo.
Honor Guard of Turin, then a province of the Empire, although the soldiers are Italians. French engraving of the XIX cent.

TAV. M: DRAGONI REGINA NEL 1812

1- Dragone di una compagnia di centro in alta uniforme. Notare il casco con la fascia di pelle di leopardo, che insieme al colore distintivo differenziava i Dragoni regina da quelli del Reggimento Napoleone.

2- Ufficiale dei Dragoni Regina in alta uniforme.

3- Tromba delle compagnie di centro in alta uniforme, ricostruzione dell'autore. Anche in questo caso è confermata la regola dei colori invertiti assegnati ai trombettieri della cavalleria Italica.

TAV. N: I DRAGONI IN SPAGNA

1- Ufficiale superiore in alta uniforme, del Reggimento Napoleone. Notare l'elmo alla "Minerva".

2- Trombettiere della compagnia di centro, ricostruzione dell'autore sempre del Reggimento Napoleone. Infatti la fascia dell'elmo riporta la pelle nera di vitello marino con al centro la N coronata.

3- Recto della bandiera dei Dragoni Regina, ricostruzione grafica dell'autore. Fonte di partenza l'esemplare conservato al Museo del Risorgimento di Milano.

4- Verso della bandiera dei Dragoni Regina.

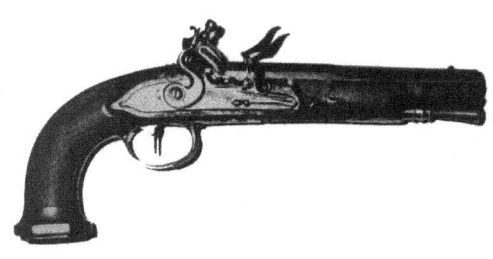

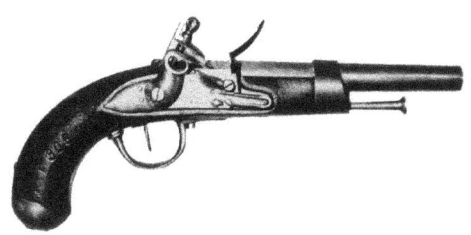

▲ Coppie di pistole a pietra focaia, tutte di manifattura bresciana. Esemplari del Museo dell'artiglieria di Torino

Pair of flintlock pistols, all made by a manufacturer in Brescia. Copies of the Artillery Museum in Turin.

TAV. O: LE GUARDIE D'ONORE IN RUSSIA

1- Guardia d'Onore in tenuta da campagna Russia 1812. Questo soldato della compagnia di Romagna è un'elaborazione dell'autore.

2- Portastendardo a cavallo delle Guardie d'Onore compagnia di Milano, ricostruzione dell'autore.

TAV. P: GENDARMERIA DELLA GUARDIA REALE 1812 A

1- Sottufficiale anziano portastendardo in gran tenuta notare la gualdrappa e i tripli coprifonda riservati ai reparti della Guardia. Il colore blu fu caratteristico di questo corpo, unico nell'ambito del Regno Italico. Ciò fu dovuto al fatto che i primi elementi della gendarmeria scelta erano tutti francesi.
2- Trombettiere in gran tenuta che alla moda del tempo montava un cavallo bianco riservato alla sua specialità.

TAV. Q: GENDARMERIA DELLA GUARDIA REALE 1812 B

1- Gendarme a cavallo in alta uniforme, notare la caratteristica bandoliera con doppio gallone bianco esterno.

2- Ufficiale Reggimento Gendarmeria della Guardia Reale nel 1812.

UNIFORMS PLATES

TABLE A: 4TH CHASSEURS ON HORSE 1813

1- **Captain of the squadron** with step out uniform. Towards the end of the reign, the officers of the cavalry regiments dusted off their *dolman* and Hussar styled *pelisse*. Their uniforms and appearance were well received in society, particularly amongst women.

2 – **Trumpeters of the 4th Chasseurs** on horse wearing the classic uniform with colours inverted. These were reserved for musicians and trumpeters of every Italian Regiment.

TABLE B: GUARDS OF HONOUR, COMPANY OF MILAN 1805-06

1- **Guard of Honour on horse** in full dress May 1805. The first uniform of the Guard of Honour of Milan was completely white with braiding, buttons, cords and epaulettes in yellow gold or yellow metal.

2- **Guard of Honour on foot** in full dress. The main difference with the mounted troops was the abandonment of the high boots and in its place they wore short white gaiters. Also the armament varied and the dismounted troops were armed as infantry with long Dragoon styled muskets.

3- **Guard of Honour on horse** in full dress June 1805. By the middle of the year, each company of the Guard of Honour changed uniform. Those of the Milan Company replaced their white uniform with red and their badge colour was changed to blue.

TABLE C: 1ST HUSSAR REGIMENT 1803 - 1804

1- **Hussar in full dress.** Initially the Italic cavalry was based only on a 'light' element, namely hussars and chasseurs on horse. In 1805, for operational reasons, the Reign introduced heavy cavalry, and the

▲ Stampa coeva raffigurante una battaglia in Russia che vide impegnate le truppe italiche.
Contemporary print representing a battle in Russia in 1812, which depicts the engagement of Italic troops.

pre-existing Hussar regiments were transformed into dragoons. In the case of the 1st Regiment, it became the Queen's Dragoon Regiment.

TABLE D: 1ST CHASSEUR ON HORSE 1806 - 1807 "RETURN TO BARRACKS"

1- Chasseur in undress with a single breasted surtout and fatigue cap. Note the three pointed badge on the collar.

2- Chasseur on horse in mixed uniform. This chasseur of 'Real Italian' wears a Polish *chapska* typical of this regiment. This was only replaced in 1810 with a shakò. He wears the formal uniform with braiding, but wears campaign pants with reinforcements in leather and a buttoned band.

3- Chasseur non-commissioned officer. This soldier also wears a mixed uniform, with the lancers beret hanging over his shoulders. Note the 'V' shaped ranks on his forearm.

TABLE E: 1ST CHASSEUR ON HORSE 1811

1- Chasseur from the Central Company. Note the adoption of the shakò worn here as a full dress with plume. Note the white braiding on the chest, collar and cuffs.

2- Flag of the Legion of Lombardy of the Chasseurs on horse. The Legion of Lombardy was the first Italian military formation to form units of Chasseurs on horse during the Napoleonic period.

TABLE F: 4TH REGIMENT OF CHASSEURS ON HORSE 1813

1- Marshal of the Company of Elite. The 4th Chasseur Regiment on horse was the last regiment to be organized. It was founded in 1811 and adopted the same uniform of other regiments but had their distinctive grape colour or "lie de vin" as it is known in French.

2- Veteran NCO standard bearer who was tasked with the honour of carrying the flag. Cavalry flags measured 60 cm per side. The Eagle and the staff were identical to those of the infantry; but the staff featured a metallic slider with ring for attachment of the Bishop's baldrics.

3- Head Squadron, this officer is represented in an injunction uniform, with the *dolman* worn in Hussar style and high shakò also of Hussar style. This is during the German campaign of 1813, where the regiment was integrated into the Brigade Zucchi which in turn was framed within 35th Division of General Granier.

4- Trumpeter of the Central Company, observe the colours of the reverse dress, black fur sheepskin coat and the white horse reserved for the trumpeters of the regiment.

TABLE G: 3RD REGIMENT OF THE CHASSEURS ON HORSE 1812

1- Superior officer in full dress, depicted with the 1812 uniform. The presence of the busby leads one to believe that this is an officer of the elite companies. Note the rich trappings and elaborate harness of the horse.

2- Recto of the standard of the Chasseurs, graphic reconstruction by the author of the flag belonging to the 3rd Regiment of the Chasseurs known as 'Prince Royal'. Source is the specimen at the Museum of the Risorgimento in Milan.

3- Back of the standard of the Chasseurs, the crowned eagle and with a stylized Iron crown in the centre in turn over the Imperial 'N' is clearly visible.

TABLE H: CHASSEURS ON HORSE 1811 - 1813

1 **Marshal of barracks 1813, of the 4th Regiment** in ordinary uniform with the busby of the Elite Company. Note the belt and bandoleer in black leather. Drawing elaborated by contemporary document.

2 **Officer in campaign uniform,** reconstructed by the author based on the manuscript of Freiberg. In this case it is an officer of the 4th regiment stationed in Germany in 1813.

3- **Trumpeter in full dress,** of the 1st regiment. Reconstructed by the author from the manuscript of Dresden of 1813.

4- **Chasseur of the Company of the Elite,** in full dress of the 2nd Chasseur Regiment. Note the yellow metal plate and white fringes of the epaulettes.

TABLE I: 1ST CHASSEUR ON HORSE REAL ITALIANO

1- **Trumpeter in full dress,** the main characteristic of this regiment was the use of the *chapska* instead of the shakò which was eventually introduced around 1810.

2- **Squadron Leader in full dress,** reconstruction of the author based on images of historical re-enactors of the same name. Note the saddle with leopard skin and the trappings and seals in Hussar style on the animal.

TABLE K: DRAGOONS AND CHASSEURS 1809 - 1812

1- **Sapper of the Napoleonic dragoons in full dress in 1809,** wearing the typical heavy apron in whitish hide. On his shoulders there is the sapper's special symbol of two white axes crossed.

2- **Sapper of the Chasseurs on horse,** this is a soldier from the 3rd regiment in campaign uniform in 1812. Note the lance with the streamer reserved for the sappers. Also note the Musketeer gauntlets in black leather.

3- **Dragoon of the Royal Guard, in full dress in 1809.** The Dragoons of the Guard always had the long dress included in their uniform instead the dragoons of the line in the last years of the Kingdom stopped using this Polish styled dress.

TABLE L: ITALIC DRAGOONS AT WAGRAM, 6 JULY 1809

1- **Trumpeter of Elite Company** engaged in the famous charge of the Queen's Dragoon at Wagram. Note the large busby in black fur for this company.

2- **Austrian carabineer**

TABLE M: QUEEN'S DRAGOONS IN 1812

1- **Dragoon of one of the Central Companies, in full dress.** Note the helmet with the leopard skin sash, which along with the Dragoon's coloured badge differentiated it from those of Napoleon's Regiments.

2 **Queen-Empress ' Dragoons officer in full dress.**

3- **Trumpeter from the Central Company in full dress,** reconstruction of the author. Also in this case the rule of the inverted colours assigned to the trumpeters of the Italian cavalry is confirmed.

TABLE N: THE DRAGOONS IN SPAIN

1- **Superior officer in full dress,** of Napoleon's Regiment. Note the helmet called "Minerva".

◄ Augusta Amalia Ludovika Georgia di Baviera (1788-1851), figlia secondogenita del re Massimiliano I di Baviera Il 14 gennaio 1806 sposò il Viceré d'Italia Eugenio di Beauharnais. Durante il suo soggiorno a Monza amava abitare nella Villa Mirabellino.

Amalia Augusta Georgia Ludovika of Bavaria (1788-1851), second daughter of King Maximilian I of Bavaria. On 14th January 1806 she married the Viceroy of Italy, Eugene de Beauharnais. During his stay in Monza he loved staying at the Villa Mirabellino.

▼ la Grande Armata entrò in Russia con oltre 600.000 uomini. 370.000 di essi morirono. 200.000 furono fatti prigionieri dai russi e almeno metà di essi perirono. Nel dicembre 1812 solo 25.000 riattraversarono il Niemen, qui raffigurato nel momento dell'inizio della campagna.

The Grand Armée entered in Russia with more than 600,000 men. 370,000 of them died. 200,000 were taken prisoner by the Russians and at least half of them perished. In December 1812 only 25,000 walked back through the Niemen, pictured here at the moment of the start of the campaign.

2- Trumpeter of the Central Company, reconstruction of the author always of Napoleon's regiment. The sash of the helmet was made from the hide of a black Marino calf with the 'N' and crown at the centre.

3- Front of the Queen's Dragoons flag, reconstructed graphic of the author. Source is the specimen at the Museum of the Risorgimento in Milan.

4- Reverse of the flag of the Queen's Dragoons.

TABLE O: GUARDS OF HONOUR IN RUSSIA

1- Guards of Honour in campaign uniform Russia 1812. This soldier from the Romagna Company is an elaboration of the author.

2- Standard bearer on horse of the Guard of Honour Company of Milan, reconstruction of the author.

TABLE P: GENDARMERIE OF THE ROYAL GUARD 1812 A

1- Veteran NCO standard bearer in full dress note the saddle and the triple cover reserved for the units of the Guard. The blue colour was characteristic of this corps, unique amongst the uniforms of the Italian Kingdom. This was due to the fact that the first elements chosen for the gendarmerie were all French.

2- Trumpeter in full dress which according to the fashion of that time rode a white horse.

▲ Tromba dei dragoni di linea. Collezione Viskuezzen
Trumpet of dragoon of the line. Collection Viskuezzen

TABLE Q: GENDARMERIE OF THE ROYAL GUARD 1812 B

1- Gendarme on horse in full dress, note the characteristic bandoleer with double external white braiding.

2- Regimental officer of the Gendarmerie of the Royal Guard in 1812.

TITOLI PUBBLICATI - ALREADY PUBLISHING

SOLDIERS&WEAPONS 008

SOLDIERSHOP
PUBLISHING